Este libro pertenece a

_____

*... una mujer que ama
la Palabra de Dios.*

Otros libros de Elizabeth George:

Acaba con tus preocupaciones... ¡para siempre!
Ama a Dios con toda tu mente
Colosenses/Filemón: Descubre la gracia de Dios
Cómo criar a una hija conforme al corazón de Dios
Encuentra la senda de Dios en medio de tus problemas
Ester: Descubre cómo ser una mujer bella y fuerte
Filipenses: Experimenta la paz de Dios
Guía de una mujer para las buenas decisiones
Jardín de la gracia de Dios
Jueces/Rut: Cultiva una vida de integridad
Lecturas devocionales para una madre conforme al corazón de Dios
Lucas: Vive con pasión y propósito
María: Cultiva un corazón humilde
Momentos de gracia para el corazón de la mujer
1 Pedro: Cultiva un espíritu afable y apacible
Promesas poderosas para toda pareja
Proverbios 31: Descubre los tesoros de una mujer virtuosa
Sabiduría de Dios para la vida de la mujer
Santiago: Crece en sabiduría y fe
Sara: Camina en las promesas de Dios
Sigue a Dios con todo tu corazón
Una esposa conforme al corazón de Dios
Una madre conforme al corazón de Dios
Una mujer conforme al corazón de Jesús
Una pareja conforme al corazón de Dios

Momentos de gracia para el corazón de la Mujer

ELIZABETH GEORGE

Editorial
PORTAVOZ

Título del original: *Moments of Grace for a Woman's Heart* © 2009 por Elizabeth George y publicado por Harvest House Publishers, Eugene, OR 97402. Traducido con permiso.

Edición en castellano: *Momentos de gracia para el corazón de la mujer* © 2014 por Editorial Portavoz, filial de Kregel Publications, Grand Rapids, Michigan 49505. Todos los derechos reservados.

Traducción: Rosa Pugliese
Revisión: Belmonte Traductores, www.belmontetraductores.com

EDITORIAL PORTAVOZ
2450 Oak Industrial Dr. NE
Grand Rapids, Michigan 49505 USA
Visítenos en: www.portavoz.com

ISBN 978-0-8254-1959-1 (rústica)
ISBN 978-0-8254-0548-8 (Kindle)
ISBN 978-0-8254-7998-4 (epub)

1 2 3 4 5 / 18 17 16 15 14

Impreso en los Estados Unidos de América
Printed in the United States of America

Una nota de Elizabeth

Estimada lectora:

Algunas palabras realmente se nos quedan grabadas. Son tan memorables y nos impresionan tanto, que nunca las olvidamos. Eso es lo que me pasó cuando era una cristiana recién convertida. Dado que quería comprender mejor mi nueva Biblia, me inscribí en un curso sobre cómo estudiar la Biblia. Una noche, el maestro dijo una frase acertada e inspiradora: "Una buena ilustración es una ventana a la Palabra de Dios". Luego siguió diciendo que una ilustración bien pensada explica el texto bíblico y muestra su aplicación práctica.

Como resultado de mi permanencia en aquella clase, llegué a ser una ávida lectora, estudiante y finalmente maestra de la Biblia. Uno de mis objetivos como maestra y autora de materiales de estudio es escribir historias y crear ilustraciones que presenten los mensajes de la Biblia de tal modo, que lleguen de manera directa al corazón del lector. Espero que esta obra escrita suscite momentos de revelación: momentos de gracia en los que Dios abra tus ojos y corazón para que entiendas y aceptes las verdades vitales de su Palabra.

En *Momentos de gracia para el corazón de la mujer* he incluido numerosas historias de la vida real e ilustraciones muy preciadas para mí. Las he sacado todas de los estudios del Nuevo Testamento, que se encuentran en mi serie de estudios bíblicos: *Una mujer conforme al corazón de Dios*®. Así como una ventana trae luz a una habitación, estas historias tienen el propósito de traer luz a las Escrituras de una manera que resalte sus verdades para que puedas comprender lo que significan y guardarlas en tu corazón.

¡Estoy muy entusiasmada por tu deseo de aprender más sobre la Palabra de Dios! Es mi oración que estas enseñanzas y los pasajes bíblicos de ilustración queden grabados en tu mente, y marquen impacto en tu vida para Cristo. Espero que sean un regocijo para tu corazón, que renueven tu tiempo en la Palabra de Dios y transformen tu vida cristiana.

En su amor eterno,

Elizabeth George

Lámpara es a mis pies tu palabra,
y lumbrera a mi camino.
Salmos 119:105

El éxito es bastante simple

Nunca se apartará de tu boca este libro de la ley, sino que
de día y de noche meditarás en él, para que guardes y hagas
conforme a todo lo que en él está escrito; porque entonces
harás prosperar tu camino, y todo te saldrá bien.

JOSUÉ 1:8

Hoy estaba en la vereda de mi casa diciendo adiós con la
mano a mi hija Courtney y a sus cuatro hijos mientras se alistaban para viajar hasta la base naval de Pearl Harbor. Courtney iba a encontrarse con su esposo para ultimar los detalles
de su traslado a Hawái. Era un hermoso día, ¡y acabábamos de
ver un doble arcoíris! Esa increíble escena y el hecho de que mi
hija está feliz de seguir a su esposo en su carrera en la marina
de guerra, también me hacen feliz. ¿Por qué?

Porque Courtney, en sus roles a veces difíciles de esposa de
un tripulante de submarino y madre de cuatro hijos pequeños,
está siguiendo a Dios con todo su corazón. Esa es la clave para
el éxito en su vida. Ella entiende y acepta las responsabilidades
que Dios le ha dado, y además de ser obediente, está haciendo lo
máximo por cumplirlas.

Dios también te pide que tú le sigas en cualquier etapa de la
vida en que te encuentres y en cualquier circunstancia que debas
afrontar cada día. ¿Cómo puedes seguir a Dios en cada oportunidad que te da de servir y ayudar a otros? Comienza por leer y
meditar en Josué 1:8. Dios te está mostrando el camino al éxito:

¡el estilo de éxito de Él! Josué necesitaba fortaleza, aliento y sabiduría para cumplir con la tarea asignada, su trabajo y sus retos. ¿El consejo de Dios? Conocer las Escrituras y buscar su sabiduría. Si decidimos seguir el consejo de Dios, como hizo Josué, Dios nos asegura un gran éxito. Cuando nos enfocamos totalmente en su Palabra y sus promesas, y confiamos en Dios en todo lo que hacemos, tendremos valor, confianza y éxito.

De la Palabra de Dios a tu corazón

¿Dónde te ha llevado Dios hoy? ¿Qué roles y responsabilidades te ha dado el Señor? ¿Y qué hay de tus sueños y los deseos de tu corazón? Muchos de ellos revelan las instrucciones de Dios para tu vida. Te aliento a tomar un tiempo y descubrir qué dice la Biblia sobre tus roles… y luego a orar por ellos. ¿Por qué no tomas nota de algunos de tus sueños también? Escríbelos en tu Biblia, tu libro de oración, tu diario personal o un cuaderno especial dedicado a los sueños, planes y actividades a realizar con el fin de llegar a ser una mujer conforme al corazón de Dios.

El camino de Dios hacia el éxito es bastante simple: a medida que sigues fielmente a Dios con todo tu corazón y eres obediente en cumplir su voluntad en tu vida, serás bendecida y disfrutarás del éxito. Sí, eres humana, y tendrás momentos en que fracasarás, te caerás, retrocederás o te estancarás un tiempo en el mismo lugar. Pero si confías en Dios y haces lo que te pide a través de su Palabra y la oración, Él te dará el deseo y la confianza —y el poder— de seguir adelante y disfrutar la vida en Él.

Señor, al estudiar tu Palabra, mi corazón se conmueve. Abre mis ojos para ver tu voluntad. Dame fuerzas para seguir en el camino de ser cada vez más fiel a ti y poder cumplir cada vez mejor tu voluntad. Bendíceme según tu voluntad. Amén.

Refleja la luz de Dios

Porque en otro tiempo erais tinieblas, mas ahora
sois luz en el Señor; andad como hijos de luz.

EFESIOS 5:8

Recientemente, Jim y yo celebramos nuestro aniversario en la gran isla de Hawái, lo cual incluyó un viaje al famoso volcán activo de Kilauea. Nos dijeron que llegáramos al río de lava justo antes del anochecer para que pudiéramos ver de noche la zona más activa de lava al rojo vivo. También nos advirtieron que lleváramos linternas para no caernos al caminar en la noche.

Cuando el sol empezó a caer sobre el Pacífico, comenzamos nuestra caminata sobre los montículos de lava endurecida. En seguida encontramos a una pareja que luchaba para poder transitar por el mismo camino sin linternas. Puesto que teníamos dos, decidimos darles una de las nuestras. No puedo imaginar qué les podría haber pasado si no hubiéramos llevado esa linterna extra.

Tú y yo tenemos la misma necesidad de luz en el ámbito espiritual. Antes de pertenecer a Cristo, éramos como esa pareja que trataba de transitar por el camino, entre tropezones y caídas. ¡Pero ahora tenemos la luz de Cristo! Y Dios espera que hagamos brillar su luz, que transmitamos su luz y seamos una influencia positiva para aquellos que están aún en la oscuridad. ¡Olvídate de la linterna! Tenemos la Palabra de Dios. Efesios 5:9 revela las cualidades que podemos anhelar mientras caminamos en la luz de Dios: bondad, justicia y verdad.

Tu determinación previa de agradar a Dios y no a ti misma debe gobernar tus deseos y decisiones como alguien que camina en la luz. Antes de hacer algo, debes preguntarte: "¿Agradará esto a mi Señor?". Si lo que estás pensando hacer agradará a Dios, entonces es aceptable.

Cristo ya no está presente físicamente en la tierra, pero tú reflejas su luz a aquellos que están en la oscuridad cuando muestras el fruto de toda bondad, justicia y verdad, cuando buscas conocer la voluntad de Dios, cuando evitas la obra infructuosas de las tinieblas y cuando expones la maldad mediante la mera naturaleza de la luz de Dios en tu vida recta. ¡Eres increíblemente bendita como hija de Dios! Y como tal, Dios dice:

Vosotros sois la luz del mundo; una ciudad asentada sobre un monte no se puede esconder. Ni se enciende una luz y se pone debajo de un almud, sino sobre el candelero, y alumbra a todos los que están en casa. Así alumbre vuestra luz delante de los hombres, para que vean vuestras buenas obras, y glorifiquen a vuestro Padre que está en los cielos (Mt. 5:14-16).

¡Imagínate! Así como Jim y yo pudimos ayudar físicamente a una pareja que caminaba en la oscuridad cuando les dimos una linterna, tú puedes hacer lo mismo espiritualmente cuando reflejas tu luz como hija de la Luz suprema.

Señor, camino en tu luz con gratitud y admiración. Deseo alumbrar con tu luz al mundo al tomar decisiones que sean rectas y santas. Úsame, Señor, para que pueda glorificar tu nombre. Amén.

Revístete de paciencia

Por tanto, hermanos, tened paciencia hasta la venida
del Señor. Mirad cómo el labrador espera el precioso
fruto de la tierra, aguardando con paciencia hasta
que reciba la lluvia temprana y la tardía. Tened
también vosotros paciencia, y afirmad vuestros
corazones; porque la venida del Señor se acerca.

SANTIAGO 5:7-8

Sé que se hacen muchas bromas sobre la paciencia ("Paciencia es la capacidad de contar hasta diez antes de estallar"; "Necesito paciencia, ¡y la necesito *ahora mismo!*"), pero cuando tú eres la que se ve forzada a esperar mientras sufres, o sufres mientras esperas, no te causa ninguna gracia. Pero, amiga mía, como dice el versículo de arriba, debemos esperar pacientemente al Señor.

Para ilustrar este concepto, Santiago nos presenta a un labrador. Aunque algunas mujeres lo único que conocemos de una granja es el puesto de productos agrícolas del supermercado local, podemos ver las diversas formas en que un agricultor debe tener paciencia. El agricultor cultiva la tierra… y luego espera que la providencia de Dios envíe la lluvia necesaria. Finalmente llegan las lluvias tempranas del otoño y las lluvias tardías de la primavera.

Cuando estamos sufriendo, nosotras también debemos esperar pacientemente hasta que llegue el Señor. ¿Cómo eres tú para esperar? ¿Te está pidiendo Dios que tengas paciencia con respecto a algo en este momento?

De la Palabra de Dios a tu corazón

La esperanza que obtenemos de la promesa de la venida de Jesús nos ayuda a esperar pacientemente. Cuando Él venga, pondrá todo en orden. Corregirá lo que está mal. Subsanará todos los maltratos. Nos hará libres del sufrimiento. Permite que la seguridad de la venida del Señor anime tu corazón en medio de las adversidades que debes soportar, los tiempos que parecen interminables y las incertidumbres del futuro.

¿Dónde está puesta tu mirada? ¿En lo terrenal... en el sufrimiento que debes soportar? ¿O en lo celestial... de donde Jesús vendrá? ¿O raras veces piensas en su venida? Tu paciencia se fortalece cuando anhelas la promesa de su regreso. Tú y yo vivimos con "lo que es", pero tenemos la promesa de "lo que será". Y entre las dos cosas hay un tiempo de espera. Por tanto, te puedes inquietar, preocupar y caminar de un lado al otro... o puedes revestirte de paciencia (Col. 3:12, NVI). ¿Qué harás? Le pido a Dios que decidas hacer lo que Él dice. "Estad quietos [ten paciencia], y conoced que yo soy Dios [el Señor que viene otra vez y el Juez que está esperando a la puerta" (Sal. 46:10).

Señor, estoy tomando la decisión de estar quieta y confiar en tus promesas. Hoy es difícil, pero esperaré que la lluvia de tu amor caiga sobre mí. Aguardaré con esperanza que tu gracia me muestre el camino que quieres que tome. Amén.

Las presiones de la vida

En quien tenemos redención por su sangre, el perdón
de pecados según las riquezas de su gracia.

EFESIOS 1:7

Quizá, dado que nuestra familia vivió en el sureste de California por más de 30 años, me apasiona el océano. Curiosamente, cada vez que leo la Palabra de Dios pienso en el océano Pacífico. Recuerdo la cantidad de veces que me deleitaba con el espectáculo y los sonidos de sus olas, que incesantemente se encrespaban hasta que rompían en la orilla y salpicaban con su espuma, y así era una tras otra... tras otra... tras otra... y tras otra.

Leer Efesios 1:7 es como el océano con sus incesantes olas que nos salpican. Este versículo es poderoso, estimulante y conmovedor... tan espectacular que es difícil imaginar otro versículo tan emocionante. Y sin embargo, Dios se deleita en seguir concediendo su gracia y su favor sobre nosotros por medio de su Hijo. ¡Sus bendiciones fluyen incesantemente a raudales!

Encontramos otra dádiva que fluye a raudal cuando leemos el versículo 10. Es el hecho de la "dispensación" o administración de Dios. Él nos dio a conocer "el misterio de su voluntad... para llevarlo a cabo cuando se cumpliera el tiempo" (NVI). Es probable que tengas experiencia en administrar una casa, organizar un plan maestro y fijar un plazo de tiempo para poder llevar a cabo o terminar un proyecto. Bueno, amiga, Dios es el Administrador por excelencia y está organizando todo de acuerdo a su tiempo, que culminará cuando todas las cosas, tanto las del cielo como las de la tierra, se reúnan bajo el liderazgo de Cristo y su autoridad

¿No estás agradecida por la mano de Dios en tu vida? Tu vida *no* es desventurada ni carece de sentido. Dios tiene un plan para cada paso de tu camino. Y te ofrece la verdad y una solución para cada problema que la vida te plantee... comenzando con las dificultades de hoy.

De la Palabra de Dios a tu corazón

Cada vez que sientas que tu vida se te escapa de las manos o pareciera que el mundo y sus presiones están cayendo estrepitosamente sobre ti, reconoce que Dios es soberano. Él tiene tu vida en sus manos, y es un administrador fiable y perfecto. Él está obrando su perfecta voluntad buena y aceptable. Su propósito de salvarte y derramar una constante abundancia de bendiciones sobre ti ha sido establecido.

Como una hija amada de Dios, tus días y tu futuro están seguros en Él gracias a su bondad y misericordia. ¡Las bendiciones de Dios son tuyas! La respuesta de tu corazón al plan de redención de Dios para tu vida siempre será regocijarte en la verdad y no cansarte de alabarle y agradecerle por todo lo que te ha dado y te dará "según las riquezas de su gracia".

Señor, al estudiar tu Palabra, quiero darte gracias por tu atención y cuidado en cada detalle de mi vida. El día de hoy tiene sus dificultades y motivos de estrés. Te pido que pueda confiar fielmente en tu administración perfecta y directa de todo lo que me rodea... ¡y de mi vida! Amén.

Busca la piedad

Para que si tardo, sepas cómo debes conducirte en la casa de Dios, que es la iglesia del Dios viviente, columna y baluarte de la verdad. E indiscutiblemente, grande es el misterio de la piedad: Dios fue manifestado en carne, justificado en el Espíritu, visto de los ángeles, predicado a los gentiles, creído en el mundo, recibido arriba en gloria.

1 Timoteo 3:15-16

¿Te ha costado entender alguna vez qué te querían decir en una carta o correo electrónico que recibiste? Bueno, el apóstol Pablo quería estar seguro de que el mensaje que le estaba enviando a Timoteo fuera claro, de modo que le explica explícitamente el propósito de su carta. Y nosotras recibimos el beneficio de esta carta, que es muy clara sobre nuestra conducta en la iglesia y los cristianos que buscan la piedad de Cristo.

Cuando Pablo habla de "la iglesia del Dios viviente", no está hablando del edificio. Está describiendo a las *personas* que conforman la iglesia. Tú, como miembro de la iglesia del Dios viviente, eres parte de la "columna y baluarte de la verdad".

Pablo expresa en seis líneas bellísimas, tomadas de un himno de la iglesia primitiva, el eje central del evangelio y quién es Jesucristo. Analicemos cada línea, recordando que cada frase es un misterio que está por encima de nuestra capacidad de comprenderlo en su totalidad; sin embargo, es nuestra la decisión de creer estas verdades.

Dios fue manifestado en carne. Esta es una clara referencia a Cristo, quien reveló al Dios invisible a la humanidad al venir a la tierra en forma humana.

Fue justificado en el Espíritu. Esta es una declaración de la justicia de Cristo basada en su vida sin pecado. Jesucristo fue justificado por el Espíritu Santo.

Fue visto de los ángeles. Los ángeles fueron testigos del plan completo de Dios al enviar a su Hijo Jesús a la tierra para redimirnos y restaurar nuestra relación con Él.

Fue predicado a los gentiles. Esto indica la proclamación mundial del evangelio. "Id, y haced discípulos a todas las naciones" (Mt. 28:19).

Creído en el mundo. Cristo no solo se predica entre las naciones, sino que también es el Redentor y Salvador de millones en todo el mundo.

Recibido arriba en gloria. Los apóstoles fueron testigos de la ascensión de Jesús al cielo: "Y habiendo dicho estas cosas, viéndolo ellos, fue alzado, y le recibió una nube que le ocultó de sus ojos" (Hch. 1:9).

Siempre podemos crecer en nuestro entendimiento del "misterio de la piedad", que es Jesucristo.

De la Palabra de Dios a tu corazón

Buscar la piedad tiene que ver solo con Jesucristo. Él es el misterio de la piedad, el misterio una vez escondido pero ahora revelado. Como creyente en Cristo y como una mujer conforme al corazón de Dios, tú tienes la capacidad —¡y el precioso privilegio!— de vivir para Él y procurar ser como Él.

Así es, *puedes* vivir una vida de piedad en Jesucristo y por medio de Él. Lisa y llanamente, de esto se trata la *piedad*, una lealtad y devoción radical a Cristo que afecta a tu conducta y compromiso con los deberes y las prácticas espirituales. ¡Qué realidad maravillosa! ¡Qué posesión maravillosa para compartir con otros! Que tú y yo nunca dejemos que el paso del tiempo desplace este maravilloso mensaje del asombroso misterio de Cristo —¡la esperanza de gloria!— en nosotras. Como una mujer que busca la piedad, por favor no pierdas de vista la verdad y el poder del evangelio de Jesucristo.

Señor, estoy muy agradecida de crecer en la fe en el hecho de que el misterio de la piedad es revelado en Jesucristo. ¡Qué dádiva tremenda ser parte de la Iglesia viva y creciente de creyentes que te sirven! Gracias. Amén.

Baja autoestima

Bendito sea el Dios y Padre de nuestro Señor Jesucristo,
que nos bendijo con toda bendición espiritual en
los lugares celestiales en Cristo.

EFESIOS 1:3

Estoy segura de que has hablado con personas que sufren por una baja autoestima o tienen esa actitud que dice "pobre de mí". Con el tiempo, he descubierto que cuando soy tentada a sucumbir a tales pensamientos, Dios me da un remedio seguro. A través de su Palabra, el mensaje de Dios a nuestro corazón es recordar constantemente lo que Él ha hecho por nosotros a través de su Hijo, Jesucristo. Vamos a resaltar algunas de las riquezas que nuestro Padre celestial nos concede:

- "[Dios] nos bendijo con toda bendición espiritual en los lugares celestiales en Cristo" (Ef. 1:3).
- "[Jesús] nos escogió en él antes de la fundación del mundo, para que fuésemos santos y sin mancha delante de él" (Ef. 1:4).
- "[Dios] habiéndonos predestinado para ser adoptados hijos suyos por medio de Jesucristo, según el puro afecto de su voluntad" (Ef. 1:5).

¿Acaso no somos bienaventuradas? Hay más cosas maravillosas para considerar.

El alcance de las bendiciones de Dios: ¡Has sido coronada con toda bendición espiritual en Cristo!

La esfera de las bendiciones de Dios: Tus bendiciones son espirituales, no materiales. Las cosas materiales se deterioran y desaparecen, pero tus riquezas en Cristo son eternas.

La fuente de las bendiciones de Dios: Tú tienes una enorme riqueza espiritual en Cristo. Como cristiana, tienes todos los beneficios que vienen de tener a Dios como tu Padre celestial. Y tienes todo lo que necesitas para crecer espiritualmente debido a tu relación con Cristo.

De la Palabra de Dios a tu corazón

Piensa en las riquezas abundantes que Dios te ha concedido. Estabas perdida y sin esperanza, pero Dios, en su gran misericordia, perdonó tus pecados mediante la muerte de su Hijo en tu lugar. Entonces, ¡qué maravilla!, fuiste adoptada en la propia familia de Dios y ocupaste la posición de hija.

Por qué no hacer una pausa y reflexionar en por qué las bendiciones de Dios son una cura para cualquier cristiano (incluida tú) que tiene una baja autoestima o una actitud que dice "pobre de mí". Alaba a Dios por su plan para tu vida. Consagra tu vida a cumplir sus propósitos. Muestra al mundo tu verdadero valor e identidad como hija de Dios "para alabanza de la gloria de su gracia" (Ef. 1:6).

Señor, al estudiar tu Palabra, te doy gracias desde lo profundo de mi corazón por las bendiciones espirituales abundantes que me has dado a través de tu Hijo Jesús. Ayúdame a recordarlas cuando me considero poca cosa, cuando pienso que soy inferior y cuando siento lástima de mí misma. Amén.

Vence con tu encanto

Amados, yo os ruego como a extranjeros y peregrinos, que
os abstengáis de los deseos carnales que batallan contra el
alma, manteniendo buena vuestra manera de vivir entre los
gentiles; para que en lo que murmuran de vosotros como de
malhechores, glorifiquen a Dios en el día de la visitación,
al considerar vuestras buenas obras.

1 PEDRO 2:11-12

¿Te sientes frustrada por la falta de cooperación del mundo
con tu fe y tus metas espirituales? ¿Te preguntas por qué el
mundo no facilita más el ser puro y santo? Este siempre ha
sido y será un dilema para los cristianos. Durante la época
de Pedro, los cristianos eran acusados de desacato al Cesar,
de causar agitación y descontento con su nueva religión, y de
provocar disturbios. Pero el pastor Pedro muestra a los creyentes, tanto antes como ahora, cómo soportar la persecución. El
mundo no te facilitará vivir tu fe, pero la sabiduría de Dios lo
hará más fácil de comprender:

- 🌱 *El mundo.* Tú y yo tenemos una posición en este mundo
  diferente a la de los incrédulos. Somos extranjeros, residentes temporales, peregrinos y extraños. Adapta tu
  perspectiva del mundo y tus lazos con él.
- 🌱 *La vida cristiana.* Mientras habitamos en este país
  extraño llamado tierra, hay cosas que debemos hacer

y podemos hacer para evitar el pecado. Aléjate de los deseos mundanos de dinero, poder y éxito terrenal para que tu vida no sea destruida o afectada por estas tentaciones.

🌶 *El porqué*. Se nos dan dos razones para no complacer los deseos de la carne. Primero, para que nuestra conducta como cristianas honre a Cristo. Cuando nuestra vida interior está bajo control, nuestra vida externa honra al Señor. Y segundo, para que cuando los que nos critican examinen nuestra vida para poder probar que nuestra creencia es falsa, nos encuentren irreprensibles y puedan ser inspirados a conocer a Dios.

De la Palabra de Dios a tu corazón

Buena manera de vivir. ¡Esta es una meta maravillosa para toda la vida! La palabra griega para buena es rica en significado e implica la clase de bondad más pura, sublime y noble. Significa "preciosa", "encantadora", "amable", "noble" y "excelente". Vivir honorablemente significa vivir de manera tan limpia, que nadie pueda presentar cargos contra nosotras. Una conducta atrayente, amable y recta siempre será nuestra mejor defensa… y nuestro mayor testimonio.

Los maltratos y malentendidos *llegarán*, pero nuestra manera de manejarlos habla de nuestra fe. Nuestra conducta, manifestada en un estilo de vida santa, habla de Cristo a quienes nos rodean. ¿Tienes esposo, hijos, padres, hermanos o hermanas incrédulos? ¿Trabajas con personas no cristianas? ¿Te malinterpretan continuamente porque no piensas o vives como el resto de "los mortales"? ¡Entonces, gózate por tener la dulce vestidura de Dios de un espíritu tierno y sereno! Revístete de ella, y usa tu encanto… una conducta que glorifica a Dios.

Dios, nunca he visto la oposición del mundo a mis creencias como una oportunidad. Siempre la he visto como un obstáculo. Te ruego que me des paciencia y un espíritu perseverante para que pueda superar el maltrato y los malentendidos de tal manera que pueda llevar a otras personas a un mayor deseo de conocerte y creer en ti. Amén.

Las circunstancias de la vida

Sé vivir humildemente, y sé tener abundancia;
en todo y por todo estoy enseñado, así para estar saciado
como para tener hambre, así para tener abundancia
como para padecer necesidad. Todo lo puedo en
Cristo que me fortalece. Sin embargo, bien hicisteis
en participar conmigo en mi tribulación.

FILIPENSES 4:12-14

¿Con quién cuentas en la vida? ¿Eres autosuficiente como los estoicos de la época de Pablo? Ellos eran un grupo que basaba su ética y moralidad en el orgullo, la independencia y el destino. Pero Pablo, un humilde siervo y "prisionero" del Señor, consideraba que era suficiente en Dios. Su confianza estaba firmemente arraigada en el Señor y en su providencia soberana sobre su vida. Como un hombre que conocía a Jesús, Pablo podía hacerle frente a todo aquello que la vida le deparara.

Podemos encontrar constante aliento en el secreto del contentamiento: ¡Conocer a Jesús! Por tanto, por qué no...

> ⚘ *aprender* como Pablo a soportar, terminar, afrontar y manejar todas las cosas por medio de Cristo que nos fortalece. Cristo está en nosotras y nos extiende su gracia y fortaleza.
> ⚘ *buscar* la fortaleza del Señor. Puedes confiar en que Dios tiene planes buenos para tu vida y que los cumplirá (Jer. 29:11).

☞ *manifestar* nuestra confianza en Dios y alegrarnos en nuestro contentamiento cualquiera que sea la situación.

☞ *amar* a otros al dar y compartir con ellos lo que tenemos.

No importa lo que estés afrontando, acepta la vida en confianza y contentamiento basada en tu fe en Jesús.

De la Palabra de Dios a tu corazón

¿Qué circunstancia estás afrontando hoy? ¿Alguien que amas está enfermo? ¿Estás preocupada por el comportamiento de tu hijo? ¿Sigues aferrada a una herida del pasado? Así como la fortaleza de Cristo es suficiente para todo lo que padeces, es suficiente para ayudarte cada día.

Querida, no pasa ni un solo día sin que me recuerde a mí misma lo impresionante que es Dios y su provisión para mí y mis seres queridos. Como hija de Dios puedes confiar en Él, en su Palabra, sus promesas y su fortaleza, y Él, misericordiosamente —¡cada vez y sin falta!— suplirá lo que necesitas para dar un paso más en el camino que Dios ha ordenado para ti. De hecho, di: "*Todo* [incluso esto] lo puedo en Cristo que me fortalece" (Fil. 4:13). Cuán bendecida eres de poder buscar a Dios y confiar en Él en cada circunstancia y para cada necesidad.

Declara las palabras de Pablo en Filipenses 4:13 como tu promesa personal. ¡No hay necesidad de hacer frente a las circunstancias de la vida sola cuando tienes al Señor!

Dios, te entrego el problema que hoy tengo. Con esperanza renovada, intercambio mi independencia por la dependencia de ti. Declaro que dejaré de esforzarme por ser autosuficiente y así poder aceptar la esperanza y la paz de ser suficiente en ti. Amén.

¿Estás preparada?

Y cuando llegó cerca de la ciudad, al verla, lloró
sobre ella, diciendo: ¡Oh, si también tú conocieses,
a lo menos en este tu día, lo que es para tu paz!
Mas ahora está encubierto de tus ojos.

LUCAS 19:41-42

En Oklahoma, donde me crié, el Domingo de Ramos era importante por dos razones. En primer lugar, sabía que cuando celebrábamos ese domingo especial, el invierno había pasado... y había llegado la primavera. En segundo lugar, y más importante, en ese día recordábamos la entrada de Jesús a Jerusalén. En mi pequeña iglesia, cada persona recibía pequeñas hojas o ramas de palmera cuando entraba al edificio. Había cánticos especiales y un sermón que describía el peregrinaje de Jesús a Jerusalén y, finalmente, a la cruz.

Al contemplar el primer Domingo de Ramos y ver qué hizo Jesús, descubrimos cuál debe ser nuestro enfoque y apreciación para que nuestra fe en Él crezca. Vuelve a leer el versículo de hoy. Observa qué siente Jesús cuando se acerca a Jerusalén:

- ❧ Su enfoque está en aquellos que no le recibieron. Jesús se quebranta por las almas que no le reconocen como el Mesías. Llora por aquellos que se alejan de Él.
- ❧ Su enfoque *no* está en el destino que le espera. Su llanto

25

no es por su aflicción y sacrificio personal; sino por aquellos que todavía no son parte de su reino.

Cada día es precioso cuando consideramos lo que podemos hacer para servir a Dios y en pro de su reino. ¿Por qué no haces una lista de las diferentes maneras en que puedes predicar las buenas nuevas a otros? ¿Cuál es tu enfoque?

De la Palabra de Dios a tu corazón

Cada vez que leemos el dramático final del Evangelio de Lucas, nos quedamos sin palabras al darnos cuenta de que había llegado la semana final de la vida de Jesús en la tierra. Nuestro Señor estaba resueltamente preparado para ese momento específico. Incluso a sus tiernos 12 años, sabía cuál era su propósito: "¿No sabíais que en los negocios de mi Padre me es necesario estar?" (Lc. 2:49). Tres breves años después de comenzar su ministerio a los 30 años de edad, Jesús había encendido a la nación con su pasión. Había enseñado fielmente a sus discípulos. Había predicado incansablemente a las multitudes. Había sanado milagrosamente a los enfermos. Y había hecho enojar constantemente a los líderes religiosos judíos.

Sin embargo, cuando Jesús entra en Jerusalén, llora. Él sabía que los judíos no estaban buscando un Salvador espiritual, sino un héroe conquistador que llevara nuevamente a su nación a la gloria. ¿Qué hay de ti? ¿Estás buscando tu propósito en el lugar indicado? ¿Te sientes frustrada, derrotada y casi sin esperanza? ¿Estás buscando a alguien que le dé sentido a tu vida en el presente y para la eternidad? ¡Reconoce y acepta a Cristo como tu Mesías! Que tu prioridad sea prepararte para el Rey y su reino. ¡Prepárate!

¡Señor, cuánta compasión sientes por tus hijos! Gracias por amarme y cuidar de mí. Quiero servirte y honrarte en todo lo que hago. Por eso, al salir hoy, ayúdame a reconocer y a amar a aquellos que no te conocen. Dame la sabiduría y el denuedo de hablarles de Aquel que les puede dar paz ahora y para siempre: ¡Tú! ¡Amén!

Vive a la sombra de la eternidad

Mas el fin de todas las cosas se acerca; sed, pues, sobrios, y velad en oración. Y ante todo, tened entre vosotros ferviente amor; porque el amor cubrirá multitud de pecados.

1 PEDRO 4:7-8

¿Has cantado alguna vez en tu iglesia el himno "Jesús vendrá otra vez" como si estuvieras soñando con ese día? Toda la creación gime y espera ese maravilloso día cuando Jesús regrese para restaurar todas las cosas y subsanar los estragos del pecado. Nuestro destino es la eternidad, pero hasta que llegue ese momento, tú y yo debemos afrontar todos los retos que nos presenta el mundo en el que hoy vivimos. Entonces, ¿cómo vivir mejor a la sombra de la eternidad? ¿De qué manera la inminencia del retorno de Jesucristo debería afectar a nuestra vida diaria?

Dios nos llama a ser sobrias para que no nos dejemos llevar por nuestras pasiones y emociones. Además, debemos velar en busca de la santidad en nuestra condición de residentes temporales en esta vida rumbo a nuestra meta final: el cielo. ¿Cómo lo logramos? La oración es nuestro estabilizador, nuestro constante recordatorio, nuestra manera de mantener estas dos posiciones. El día de hoy podemos orar por una perspectiva piadosa y eterna, que influencie nuestra vida diaria para vivir en santidad.

¿Te has preguntado cuáles son las prioridades de Dios? Bien, precisamente en 1 Pedro 4:8 Dios nos recuerda que su prioridad número uno es nuestra relación unos con otros en la iglesia: "Tened entre vosotros ferviente amor". Podemos amar más allá de los límites humanos cuando amamos con el corazón de Jesús.

De la Palabra de Dios a tu corazón

¿Acaso no te ha tocado de una manera nueva y fresca el pasaje de hoy? Es muy simple; y está expresado de manera muy simple. No deja dudas acerca de quién eres tú, cuál debe ser tu enfoque y qué debes hacer. No sé nada de ti, pero esta es exactamente la clase de instrucción clara que mi corazón anhela. Puedes tomar estas palabras en serio y ponerlas por obra. Tal vez te preguntes: ¿cómo?

Con respecto a ti misma: Sé más consciente de la perspectiva eterna. Lucha contra la tendencia natural a ser cautiva de este mundo. No ames las cosas de esta tierra, tales como las posesiones, el estatus social y la cartera de inversiones. En cambio, pon tu atención y tus deseos en las cosas de arriba: "todo lo que es verdadero, todo lo honesto, todo lo justo, todo lo puro, todo lo amable, todo lo que es de buen nombre; si hay virtud alguna, si algo digno de alabanza, en esto pensad" (Fil. 4:8).

Con respecto a los demás: Con el corazón de Cristo, ten presentes tus responsabilidades con el pueblo de Dios. Ama como una buena administradora de la maravillosa gracia que Dios te ha dado. Dios quiere que tu vida y tu amor estén centrados en Él y en su pueblo, no en las cosas de este mundo. Su llamado es a amar, hospedar y estar pendiente de tus hermanos y hermanas en Cristo.

Sé que tú quieres que tu vida aquí en la tierra signifique algo y glorifique el nombre de Dios. ¡Agradece al Señor por mostrarte en su Palabra *cómo* lograrlo!

Padre, te pido que me des tu gracia y fortaleza. Mientras vivo a la sombra de la eternidad, ayúdame a aceptar todo lo que venga de ti en este mundo. Quiero aprender más de ti, servir y amar más a los demás y alabarte cada día de mi vida. Amén.

Las riquezas

A los ricos de este siglo manda que no sean altivos,
ni pongan la esperanza en las riquezas, las cuales son
inciertas, sino en el Dios vivo, que nos da todas las
cosas en abundancia para que las disfrutemos. Que
hagan bien, que sean ricos en buenas obras, dadivosos,
generosos; atesorando para sí buen fundamento para
lo por venir, que echen mano de la vida eterna.

1 TIMOTEO 6:17-19

Hoy, tú y yo nos sentamos en primera fila en el seminario del apóstol Pablo sobre administración del dinero y aprendemos de la fuente original cómo administrar las bendiciones que Dios nos ha dado… a la manera *de Dios*. Ahora bien, Pablo no condena a los creyentes por sus riquezas, antes bien, les advierte (y nos advierte) que administren lo que tienen sabiamente para que puedan atesorar una riqueza espiritual y disfrutar de la vida eterna. ¿Cuáles son los principios que Pablo promueve?

Principio 1: Evita la tentación de las riquezas. No seas arrogante ni pongas tu confianza en las riquezas terrenales, sino en el Dios vivo.

Principio 2: Dedícate a hacer bien a los pobres. Sé rica en buenas obras, generosa y dispuesta a compartir lo que tienes.

Principio 3: No acumules riquezas para ti misma. Comparte tus bienes terrenales, y *entonces* obtendrás la vida eterna. La salvación no viene por repartir tus riquezas. Debes poner tu fe y confianza en Jesucristo. Y el fruto de tu salvación se verá en tu actitud hacia los demás.

Principio 4: Haz el bien. Dar no requiere dinero. Muchos de los hombres y las mujeres de la Biblia que dieron eran pobres. Aunque tengas poco para dar, sigue el ejemplo de sus buenas obras.

De la Palabra de Dios a tu corazón

Hay una fuente específica que dice mucho sobre cómo te relacionas con el dinero: tu chequera o registro de gastos. Tu actitud y prioridades están allí bien en claro. ¿Eres derrochadora? ¿Dadora? ¿Acaparadora? ¿Ahorradora?

Cuando miras tu registro de gastos, ¿qué te revela con respecto a tu corazón, tus valores y tu manera de manejar las finanzas? Toma nota de los gastos que has realizado durante el mes pasado. ¿Has usado tu dinero para hacer compras en el centro comercial… o para ayudar a otros? ¿Has usado tu dinero en cortinas… o en la iglesia? Muchas mujeres se sorprenderían de descubrir que sus gastos no reflejan el corazón amoroso y dador que desean tener.

¿Fue este un ejercicio revelador para ti? La primera vez que lo hice fue revelador para mí. Puede que Dios no te esté pidiendo que vendas o repartas todas tus posesiones y riquezas. Pero, definitivamente, te está pidiendo que ores y medites en tu manera de administrar los bienes que Él te ha dado. Has sido *muy* bendecida, y ahora tú puedes bendecir a otros.

Dios, ayúdame a ser una dadora alegre. Cada día veo y escucho que hay necesidades a mi alrededor. Quiero honrarte con mis actitudes y mis acciones con respecto a cómo gasto y comparto las bendiciones económicas y materiales que tú me has dado. Recuérdame que no debo apegarme a los bienes terrenales. Sé que mi corazón cosechará las recompensas de dar con gozo en tu nombre. Amén.

Vence la ansiedad

Regocijaos en el Señor siempre. Otra vez digo: ¡Regocijaos!

FILIPENSES 4:4

Las mujeres, en su mayoría, hacen una "lista de quehaceres" que muestra lo que deben hacer ese día, esa semana, ese mes. Estos catálogos de tareas, llamadas telefónicas, recordatorios y planes nos ayudan a mantenernos en buen rumbo, a hacer más cosas y organizar mejor las actividades de la vida diaria. Puede que tengamos otras formas de organizarnos, pero pocos métodos nos mantienen tan enfocadas.

Si pudieras tomar prestada la "lista de quehaceres" de alguien, te sugeriría que echaras un vistazo a la del apóstol Pablo. En el libro de Filipenses, uno de sus temas recurrentes es la paz. De modo que la "lista de quehaceres" de Pablo nos muestra cómo disfrutar la paz que está disponible para nosotras como creyentes en Cristo. Como verás, Pablo desea tanto que haya paz entre los miembros del cuerpo de Cristo, que exhorta a cada uno a tener la paz personal que Dios ofrece. Solo entonces puede haber armonía en la iglesia. En 4:5-6 escribe:

- "Vuestra gentileza sea conocida de todos". Sé perdonadora, recta y benévola.
- "Por nada estéis afanosos". Confía en el Señor, y tendrás paz y esperanza.

☞ "Sean conocidas vuestras peticiones delante de Dios".
Ten fe y entrégale tus necesidades a Dios.

De la Palabra de Dios a tu corazón

Cuando pensamos en todo lo que deseamos en la vida, sé que el gozo ocupa uno de los primeros lugares. Así como la paz. ¡Y aquí, en la Palabra divinamente inspirada, que viene directamente de la mente y el corazón de Dios, tenemos la fuente de ambas cosas! Pero para disfrutar de estas dos cualidades que deseamos en la vida, debemos seguir la lista con devoción. ¿Cómo es esto? ¿Qué debemos hacer?

Regocijarnos. Esto no es opcional, amiga. Es un mandato. Es una exhortación a estar alegres. "Regocijaos en el Señor siempre. Otra vez digo: ¡Regocijaos!" (v. 4). Debemos regocijarnos *en el Señor*, sin importar qué nos esté pasando.

Orar. Esto tampoco es opcional… es un mandato. En vez de sufrir de ansiedad, debemos presentarle nuestras necesidades al Señor y confiar en que Él suplirá lo que necesitamos. En cualquiera y todas las circunstancias debemos presentar nuestras peticiones a Dios y confiar en que Él cuidará de nosotras.

¿Y los resultados? ¿Los buenos resultados que deseamos? Primero, Dios no solo responderá nuestras oraciones, sino que también experimentaremos "la paz de Dios", la paz característica de Dios mismo. Aunque nuestras circunstancias difíciles no cambien, la paz de Dios prevalecerá. Segundo, la paz de Dios nos guardará, como un soldado o centinela, y nos protegerá contra las ansiedades y preocupaciones que quieren atacar nuestra mente y nuestro corazón. Por medio de la oración experimentaremos verdaderamente la paz de Dios que sobrepasa toda comprensión humana.

Señor, estoy dispuesta a hacer una "lista de quehaceres" de gozo y paz. Gracias por el ejemplo de Pablo. Te entrego mis necesidades a ti y confío en ti. Tú calmas mis temores. Tú guías mis pasos. Tú me llevas a tu presencia. ¡Me regocijo en ti! Amén.

Entendimiento espiritual

Por esta causa también yo, habiendo oído de vuestra
fe en el Señor Jesús, y de vuestro amor para con
todos los santos, no ceso de dar gracias por vosotros,
haciendo memoria de vosotros en mis oraciones.

EFESIOS 1:15-16

Cuando amamos a otros, no podemos evitar orar por ellos,
porque los llevamos en nuestro corazón. Y cuando nuestros
amigos están lejos y no podemos expresarles nuestro amor
y apoyo personalmente, podemos orar y saber que Dios nos
escucha. Jesús oró por sus discípulos. Pablo oró por los creyentes de Filipos, por los cristianos de Colosas y por sus amigos de
Éfeso. En lo que respecta a tus amistades, hay varias razones
para acudir a Dios en oración. ¿Qué puedes hacer?

Alaba a Dios por tus amigos. Has sido bendecida con personas
especiales en tu vida. Agradece a Dios por ellas.

Ora por su entendimiento y bienestar espiritual. Pablo oró para
que los creyentes abrieran sus ojos espirituales y reconocieran sus
bendiciones espirituales.

Ora por el cuerpo de Cristo, la iglesia. Ora por tus amigos
para que tengan a Jesús como el Señor y Salvador de sus vidas. Y
agradece por Cristo y su autoridad.

Cada oración que elevas por tus amigos y por quienes sientes inquietudes en tu corazón llega a los oídos y el corazón de Dios. Pídele que ayude a las personas que tú amas con su poder, autoridad, fortaleza y sabiduría.

De la Palabra de Dios a tu corazón

Pablo era un prisionero cuando escribió con semejante convicción acerca de orar compasivamente por otros. Cualquiera esperaría que un prisionero inocente vocifere, despotrique, culpe a otros, cuestione a Dios y se hunda en la depresión. Pero Pablo no. ¡Él alabó a Dios! Su efusión de adoración y su lista de bendiciones se pueden ver a lo largo de toda su carta a los creyentes de Filipos. El desbordar del corazón de Pablo se evidencia en sus reflexiones sobre el plan soberano de Dios, la morada del Espíritu Santo, la supremacía de Jesús y los efectos sobresalientes de la gracia de Dios.

¡Ora como Pablo! Sin importar tus circunstancias o tus problemas, pídele a Dios que te ayude a ti y a quienes te rodean a desarrollar "ojos espirituales" para ver y entender las riquezas y bendiciones que tienen en Jesucristo. Dile que quieres…

- Conocerle más.
- Ver con gran esperanza y expectativa su llamado divino.
- Entender tu relación especial como su hija y heredera.
- Experimentar su poder en cada momento de tu vida.

¿Cuáles son tus circunstancias difíciles en el presente? Tal vez estés limitada por una situación de la vida, pero Dios nunca tiene limitaciones. ¡Alábale!

¿Por qué no escribir algunas palabras de esperanza y consuelo para un ser amado que necesita aliento? O llamar a alguien que necesita la paz de Dios y orar con él o ella. Y enseñar las verdades espirituales de la Palabra de Dios.

Señor, gracias por escuchar mi oración por mis amigos. Ayúdame a ser un ejemplo de tu amor y tu gracia para aquellos que no te conocen. Oro para que los que te conocen puedan ver tu mano en sus vidas. Y que todos podamos glorificar tu nombre. Amén.

Favoritismo

Hermanos míos, que vuestra fe en nuestro glorioso
Señor Jesucristo sea sin acepción de personas.

SANTIAGO 2:1

¿Has estado del lado negativo del favoritismo? ¿Has sufrido
el desaire de una mirada altiva? ¿Te han ignorado al llegar a
una reunión? ¿Te han empujado abruptamente hacia un costado cuando alguien pasaba apresuradamente para hablar con
otra persona? ¿Te han pasado por alto en un grupo o comité?

Si es así, conoces el dolor de la parcialidad. Y lo peor es que,
probablemente, como seres humanos, ¡nosotros mismos hayamos
sido parciales! Esta es una verdad muy penosa. Parece que cualquiera que sea nuestra posición social, siempre habrá otros con
mejor apariencia, mejor condición económica y más talentos que
nosotras… y de alguna manera, siempre habrá otros en inferioridad de condiciones.

La verdad es que no hay un lado positivo del favoritismo. Por
eso Santiago nos muestra una norma mejor realmente gloriosa.
Jesús ha establecido esta norma de imparcialidad e igualdad. La
Nueva Versión Internacional de la Biblia traduce Santiago 2:1 de
la siguiente manera: "Hermanos míos, la fe que tienen en nuestro
glorioso Señor Jesucristo no debe dar lugar a favoritismos".

En caso de cuestionar la norma que nos muestra el versículo de hoy, Santiago nos presenta una reunión hipotética en la iglesia (¿acaso lo era?) con dos clases de visitantes: un hombre rico con anillo de oro, vestido con ropa fina, elegante y suntuosa, y un hombre pobre con la ropa sucia y apestosa. Echemos un vistazo a este poderoso ejemplo de cómo el favoritismo puede impedirnos vivir nuestra fe.

> Porque si en vuestra congregación entra un hombre con anillo de oro y con ropa espléndida, y también entra un pobre con vestido andrajoso, y miráis con agrado al que trae la ropa espléndida y le decís: Siéntate tú aquí en buen lugar; y decís al pobre: Estate tú allí en pie, o siéntate aquí bajo mi estrado; ¿no hacéis distinciones entre vosotros mismos, y venís a ser jueces con malos pensamientos? (Stg. 2:2-4).

El mensaje es muy claro, ¿verdad? No estamos honrando a Dios y procediendo como cristianas si tratamos a cualquiera con parcialidad o favoritismo. Tal conducta es contradictoria e incompatible con nuestra salvación, que fue lograda por un Dios imparcial que nos extendió su amor al enviar a su Hijo a morir por nuestros pecados y redimirnos para que pudiéramos experimentar una relación personal con Él.

Padre, ayúdame a no mostrar ningún favoritismo por alguien que parece rico, exitoso o influyente. Guárdame de tener un corazón saturado de las normas de este mundo o de mi propio sentimiento de privilegio. Guarda mi corazón para que pueda contentarme en ti. Dame un corazón de amor por todos para que pueda hablarles de ti. Amén.

Aprovecha al máximo las oportunidades

Ningún siervo puede servir a dos señores; porque o aborrecerá
al uno y amará al otro, o estimará al uno y menospreciará
al otro. No podéis servir a Dios y a las riquezas.

LUCAS 16:13

Lo reconozcamos o no, nada de lo que tenemos es realmente nuestro. Nuestras casas, nuestras finanzas, nuestro
esposo, nuestros hijos, nuestra salud... y finalmente nuestra
vida... le pertenecen a Dios. Un administrador es "alguien responsable ante otro". En nuestro caso, nosotras respondemos a
Dios por todo lo que Él nos confía. Ten presente estas palabras
del apóstol Pablo: "Ahora bien, se requiere de los administra-
dores, que cada uno sea hallado fiel" (1 Co. 4:2).

¿Eres fiel? ¿Qué representación de las riquezas terrenales es tu
mayor obstáculo para poder ser una administradora piadosa? ¿Tu
casa? ¿Tus posesiones? Para muchas personas es el dinero. Este es
un concepto sabio de Dios: "Porque donde esté vuestro tesoro,
allí estará también vuestro corazón" (Mt. 6:21). Las riquezas ate-
soradas en la tierra se corrompen y los ladrones las roban. Pero
los tesoros que acumulamos en el cielo serán preservados para
siempre. Nuestra mente debe estar enfocada en lo eterno:

A los ricos de este siglo manda que no sean altivos, ni pongan la esperanza en las riquezas, las cuales son inciertas,

sino en el Dios vivo, que nos da todas las cosas en abundancia para que las disfrutemos. Que hagan bien, que sean ricos en buenas obras, dadivosos, generosos; atesorando para sí buen fundamento para lo por venir, que echen mano de la vida eterna (1 Ti. 6:17-19).

Debemos poner toda nuestra confianza solo en Dios. Cuando experimentamos una temporada bendecida con seguridad financiera, tenemos la oportunidad de usarla para ayudar a otros. Podemos dar ricamente, servir sacrificialmente y amar incondicionalmente… mientras seguimos el ejemplo de Jesús.

De la Palabra de Dios a tu corazón

Todos se preguntan por la vida después de la muerte. En el Evangelio de Lucas, tenemos una parábola de Jesús que nos da una posible vislumbre de la vida más allá de esta tierra. Un mendigo muere y entra a una vida de reposo después de una existencia de tormento en la tierra. También leemos sobre la muerte de un hombre rico, que vivió en esplendor sus días en la tierra… y se despertó en el tormento eterno del Hades. ¿Qué cambió las cosas? Podemos deducir que el hombre rico no prestó oídos a la Palabra del Señor ni buscó la instrucción de Dios. No hizo obras de bien para ayudar a los pobres y los oprimidos. En cambio, vivió en lujos, concentrado en las riquezas de este mundo. Lázaro, el mendigo, era humilde y se contentaba con comer lo que caía de la mesa del hombre rico. Cuando murió, recibió la recompensa de ir al cielo.

Amiga mía, no quedan dudas de que la administración más importante que se te ha concedido es tu vida en la tierra. ¿Cómo usarla para ser una mejor sierva de Dios y glorificar su nombre?

Dios, ayúdame a aprovechar al máximo las oportunidades que hoy me das. Quiero ser rica en buenas obras para ti. Reemplaza mis ansias de tesoros terrenales por esperanza y paz y un deseo de bendiciones celestiales. Amén.

Responde responsablemente

Por tanto, ceñid los lomos de vuestro entendimiento, sed
sobrios, y esperad por completo en la gracia que se os traerá
cuando Jesucristo sea manifestado.

1 PEDRO 1:13

Hemos recibido grandes bendiciones de la mente y el corazón de Dios. No solo disfrutamos del nuevo nacimiento y la
esperanza viva que se encuentran en nuestro Salvador viviente,
sino que también tenemos la herencia gloriosa que nos pertenece y la protección de Dios. Nuestra manera de vivir es una
respuesta a estas bendiciones de fe. Pedro presenta una especie
de "lista de quehaceres" para aquellas de nosotras que somos
del Señor y deseamos hacer nuestras sus características.

- 🦋 "Ceñid los lomos de vuestro entendimiento" es el recordatorio de Pedro para que siempre estemos preparadas
  mentalmente para todo aquello que nos pase en la vida.
  Podemos lograrlo al sumergirnos en la Palabra de Dios
  y orar para que nos dé su sabiduría y su guía.
- 🦋 "Sed sobrios" nos alienta a desechar el desenfreno y practicar el dominio propio y la disciplina. Cuando nuestra
  vida se caracteriza por la sobriedad, podemos actuar con
  claridad mental porque nuestro enfoque está en Cristo.
- 🦋 "Esperad por completo en la gracia que… os traerá…
  Jesucristo" nos habla de pensar en los planes de Dios

para nuestra vida, cambiar nuestro estilo de vida a uno que glorifique su nombre y perseverar durante y a través de las pruebas que llegan a nuestra vida. Cuando nuestra esperanza está en el Señor, podemos estar confiadas en cada ámbito de nuestra vida.

☞ "Sed santos" nos recuerda que debemos apartar de nosotras los deseos de la carne y los pecados que anteriormente eran parte de nuestra vida. Ahora, nuestra meta noble y recta es vivir una vida llena de Cristo.

De la Palabra de Dios a tu corazón

¿Acaso no es lógico que lo que hay adentro debería y debe verse por fuera? Cuando Dios viene a vivir en nosotros, ¿no debería cambiar nuestra vida? Y cuando meditamos en el precio que Jesucristo pagó por nuestra redención, ¿no debería eso redundar en fiel obediencia a Él? Las Escrituras revelan todo lo que hemos recibido y lo que nos sucede por dentro cuando nacemos de nuevo: el nuevo nacimiento, la herencia y el hecho de que somos reservados para el cielo y el cielo es reservado para nosotros. Semejante maravilla debiera influir radicalmente en nuestra vida.

Como cristiana, has recibido una posición en Cristo. Has sido llamada para Dios, escogida por Dios, salvada por Dios y declarada santa y apartada para Dios. Por tanto, vive responsablemente. ¡Vive para Dios! Procura hoy, como una mujer de Dios, encarnar su semejanza divina en tu vida.

Señor, quiero hacer mías tus características. Que mis acciones y mis palabras honren tu amor y sacrificio. Tu presencia y gracia me han transformado. Con un corazón agradecido, oro para ser fiel y obediente a tu llamado. Amén.

Frutos de fidelidad

Los pecados de algunos hombres se hacen patentes antes que
ellos vengan a juicio, mas a otros se les descubren después.
Asimismo se hacen manifiestas las buenas obras; y las que
son de otra manera, no pueden permanecer ocultas.

1 TIMOTEO 5:24-25

¿Te has ganado una buena reputación? Se dice que hace
falta toda una vida para ganarse una buena reputación, pero
puede perderse en un instante. Por eso es vital que nos mantengamos fieles a las instrucciones de Dios en su Palabra y entendamos muy bien cómo ser ejemplo de una conducta piadosa.
En las Escrituras aprendemos los principios de un líder. Estas
son excelentes características a desarrollar, ya sea que estemos
en posiciones de liderazgo oficial o no.

Como cristianos, somos representantes de Cristo. Y nunca
sabemos cuándo alguien nos está observando y está haciendo
juicios sobre Cristo con base en nuestras acciones. ¡Esta es razón
suficiente para seguir las instrucciones del apóstol Pablo! Queremos ser ejemplos intachables del amor y el honor de Cristo.

En el pasaje bíblico de hoy se destacan dos principios que
hablan de manera clara a cada cristiano que busca ser piadoso.
Antes de juzgar a un líder... o a cualquier otra persona, primero
debemos examinarnos cuidadosamente a nosotros mismos.

Principio 1: El pecado no se puede esconder. Pablo dice que el pecado se hará patente... tarde o temprano. Al examinar tu corazón, ¿hay algún área de pecado que debes confesar y abandonar? Si es así, ¿cuáles son tus planes para lograrlo? Recuerda que "si confesamos nuestros pecados, él es fiel y justo para perdonar nuestros pecados, y limpiarnos de toda maldad" (1 Jn. 1:9).

Principio 2: Las buenas obras no se pueden esconder. Aunque no sean reconocidas de inmediato, finalmente saldrán a la luz (1 Ti. 5:25). Y recuerda que debemos hacer buenas obras para la gloria de Dios, no para nuestra ganancia o reconocimiento personal. Mardoqueo, el primo de la reina Ester, desbarató un complot en perjuicio del rey y posiblemente le preservó la vida. Durante cinco años su acto de servicio no obtuvo recompensa (Est. 6:1-3). ¿Cómo soportarías tanto tiempo sin que te reconozcan o agradezcan por una buena obra?

De la Palabra de Dios a tu corazón

Cuando leemos 1 Timoteo 5:24-25, nos parece estar escuchando secretamente una conversación privada de padre a hijo entre Pablo y Timoteo, ¿no te parece? O tal vez, estar leyendo las actas para una reunión de alto nivel. Timoteo es un pastor y Pablo es un maestro de maestros. Y el apóstol le está dando claras instrucciones a su joven discípulo.

La Biblia nos da instrucciones claras también sobre nuestra conducta. Estas son algunas normas de conducta para considerar seriamente.

- Examina tu propia vida.
- Procura tener una vida piadosa.
- Ora por pureza en tu liderazgo.

- Confíale a Dios la vida y las acciones de otros.
- No seas parte en provocar problemas en la iglesia.
- No seas parte en murmurar y destruir la reputación que otros se ganaron con dificultad.

Procura invertir tiempo y dedicación a las acciones y palabras buenas. Que estas se manifiesten en el tiempo como frutos de una vida fiel.

Dios, hay personas en mi vida que están observando mi comportamiento, y soy responsable por el ejemplo de Cristo que observan. Ayúdame a mantener una conducta piadosa y con principios para que pueda servirte con integridad. Amén.

Vive en unidad

Ruego a Evodia y a Síntique, que sean de un mismo
sentir en el Señor. Asimismo te ruego también a ti,
compañero fiel, que ayudes a éstas que combatieron
juntamente conmigo en el evangelio, con Clemente
también y los demás colaboradores míos, cuyos
nombres están en el libro de la vida.

FILIPENSES 4:2-3

¿Has tenido diferencias con otra persona de tu iglesia? ¿Has presenciado una discusión entre dos amigas cristianas… y no sabías qué hacer? Tú y yo podemos aprender mucho si prestamos atención a la manera en que Pablo, el gran motivador, manejaba estas cosas. Vuelve a leer la nota de Pablo sobre este tipo de situaciones en el pasaje de hoy. ¿No te resulta conocido? Pablo deseaba la paz entre los creyentes y, al parecer, las diferencias entre estas dos mujeres de la iglesia estaban afectando al espíritu de comunión y armonía que debería caracterizar al pueblo de Dios.

Ya seas tú la que esté implicada en un pleito con otra persona o la que esté ayudando a las partes a volver a la unidad, háblale amablemente a la otra parte con el objetivo de la reconciliación en tu mente y en tu corazón.

Evodia y Síntique, dos de las amigas de Pablo y colaboradoras en la obra de Cristo, estaban teniendo diferencias. La desavenencia entre ellas estaba afectando al resto. ¿Cómo manejó Pablo el problema? Hay mucho que podemos aprender aquí.

Pablo les habló directamente a las dos mujeres (y a cualquier otra persona que estuviera implicada en el conflicto), y les imploró que resolvieran sus diferencias y vivieran en armonía. Sabiamente, Pablo basó su pedido en la causa de Cristo. Les pidió que fueran de un mismo sentir "en el Señor", que mantuvieran la paz y vivieran en amor. Debían hacer a un lado sus diferencias por la suprema causa del bien común de la iglesia de Filipos y el cuerpo de Cristo.

Pablo elogió a estas dos mujeres y les recordó cómo habían trabajado hombro a hombro con él por la causa del evangelio. También les recordó que habían trabajado para Cristo junto a Clemente y al resto de los colaboradores.

Pablo convocó a otros miembros de la iglesia a ayudar a Evodia y Síntique. Los exhortó a participar y ayudarlas a resolver el problema. Estas mujeres habían ayudado a otros, y ahora ellas necesitaban ayuda de otros.

Amiga mía, ¡a orar! Ora para que no seas causa de ninguna división en la iglesia y no estorbes la obra de Cristo en la iglesia. Pídele a Dios que te ayude a seguir los consejos sabios de Pablo si tienes la oportunidad de ayudar a resolver una diferencia entre otros. Pídele que te ayude a vivir en unidad.

Dios, te ruego que me guardes de ser de división en tu cuerpo de creyentes. Ayúdame a seguir las palabras y acciones de Pablo para llevar unidad y armonía a quienes me rodean. Quiero ser un agente de paz en tu nombre. Amén.

Deja atrás la pasada manera de vivir

En cuanto a la pasada manera de vivir, despojaos
del viejo hombre, que está viciado conforme a los
deseos engañosos, y renovaos en el espíritu de vuestra
mente, y vestíos del nuevo hombre, creado según
Dios en la justicia y santidad de la verdad.

EFESIOS 4:22-24

Por una suma de dinero puedes encontrar un salón de
belleza que te haga un nuevo corte de cabello, comprarte un
vestuario nuevo y obtener una nueva apariencia física. Pero
solo hay un ser que puede cambiar a alguien por dentro y por
fuera; que verdaderamente puede crear una persona nueva, con
carácter, valores, actitudes, perspectivas y motivos piadosos.
Ese ser, desde luego, es Dios.

Cuando te conviertes a Cristo, comienzas a tener una relación
íntima y personal con Jesús. Cuando le aceptas como Salvador,
pones en marcha un proceso que dura toda la vida, mediante el
cual te despojas de la naturaleza pecaminosa de la humanidad
y asumes la naturaleza y la conducta de una nueva creación en
Cristo. Querida, ¡este es el tratamiento de belleza más transformador que te puedas imaginar!

Como parte del proceso, las malas actitudes y los malos hábitos que has adquirido con el paso de los años en tu vida comienzan a quedar en el camino a medida que eres llena del amor y el
poder de Jesús. Con la ayuda de Dios, comienzas a deshacerte de

esas actitudes que ya no te favorecen ni te quedan bien: egoísmo, enojo, ignorancia, impaciencia, envidia, etc. Eliminas esas alternativas de tu guardarropa y descubres, en cambio, cómo vestirte con los maravillosos atributos que Dios te ofrece, incluidos su conocimiento y sabiduría.

En vista de despojarte de una naturaleza y asumir la otra, ¿no te viene de inmediato a la mente algún comportamiento, falta, defecto o área de pecado? Entrégaselos a Cristo inmediatamente. Un cristiano que tiene nueva vida en Cristo es diferente, se distingue del mundo. Ahora eres templo del Espíritu Santo. Por tanto, ¡deja que comience el tratamiento de belleza del Maestro!

De la Palabra de Dios a tu corazón

Tu Maestro te está llamando a la acción. Debes dejar de vivir una vida sin propósito. ¡Has resucitado milagrosamente a una vida nueva! No hay necesidad o razón para vivir como lo hacen los que no son salvos. ¡Vive como una hija del Rey de reyes! Y no tienes que hacerlo en tus propias fuerzas. Jesús te ayudará… ¡si tan solo se lo pides! De modo que comienza cada mañana hablando con Él, pidiéndole que te guíe y te dé fortaleza para vivir para Él. Deja atrás la pasada manera de vivir. Estudia su Palabra e incorpora su sabiduría y sus principios a tu vida diaria. ¡Puede que no te reconozcas después de este tratamiento de belleza!

Señor, soy una nueva creación en ti. Pero estoy aferrada a algunas vestimentas de mi pasado… pecados, fallos y actitudes mundanas. Envuélveme en el maravilloso tejido de tu naturaleza y tu amor. Ayúdame a ser una mujer nueva en ti. Gracias. Amén.

Sométete a la autoridad

Pero mientras navegaban, él se durmió. Y se desencadenó
una tempestad de viento en el lago; y se anegaban y
peligraban. Y vinieron a él y le despertaron, diciendo:
¡Maestro, Maestro, que perecemos! Despertando él,
reprendió al viento y a las olas; y cesaron, y se hizo bonanza.
Y les dijo: ¿Dónde está vuestra fe? Y atemorizados, se
maravillaban, y se decían unos a otros: ¿Quién es éste, que
aun a los vientos y a las aguas manda, y le obedecen?

LUCAS 8:23-25

Una y otra vez leemos en la Biblia acerca de la sujeción a
la autoridad. Reconocer y someterse a la autoridad no es una
tarea fácil para ninguna de nosotras. Queremos estar al mando
de nuestra vida y de las circunstancias… al menos hasta que
llega una crisis.

Jesús nos muestra su dominio divino sobre todas las cosas, para
que sepamos que podemos confiar en que Él tiene dominio sobre
nuestra vida y sobre todas las circunstancias que atravesamos. El
Hijo del Hombre tiene autoridad sobre la naturaleza, los demonios, la enfermedad y la muerte. Cuando los discípulos estaban en
la barca con Jesús y se desató una tormenta, la barca se empezó a
llenar de agua, y fueron corriendo a Él. No confiaron en que Dios
ya estaba al mando de la situación. Su falta de fe quedó manifiesta
en su temor al gritar: "¡Maestro, Maestro, que perecemos!". Con
razón Jesús les preguntó: "¿Dónde está vuestra fe?".

Tú y yo debemos *pedir* ayuda y luego *creer*. Si estamos viviendo en sumisión a Dios y su voluntad, cuando se desaten tormentas sobre nuestra vida no nos dejaremos llevar por las olas del temor, sino que inmediatamente descansaremos en la calma de la fe en Jesús.

No esperes hasta que la barca se esté hundiendo para reconocer su autoridad y clamar por ayuda. Sométete ahora y maravíllate ante el ministerio del Hijo del Hombre en tu vida. Te sorprenderás por la paz, el contentamiento y el amor que inundarán tu vida.

De la Palabra de Dios a tu corazón

Uno de los relatos más reconfortantes de los Evangelios se encuentra en Lucas 8. A causa de los demonios, a cierto hombre lo ataban con cadenas y grillos y lo vigilaban, pero se escapó y se fue a vivir al desierto, donde vagaba desnudo. Este hombre estaba en una condición irremediable. Pero se encontró con Jesús, y Jesús ordenó a los espíritus inmundos que dejaran el cuerpo de ese hombre. Como resultado, fue liberado y se calmó. Entonces, vestido y en su cabal juicio, se sentó a los pies de Jesús.

Pero la historia no termina ahí. Aunque quería seguir a Jesús, se sometió a su autoridad e hizo lo que el Señor le pidió: "Vuélvete a tu casa, y cuenta cuán grandes cosas ha hecho Dios contigo". ¿Y qué fue de la pasión del hombre que acababa de ser libre? "Y él se fue, publicando por toda la ciudad cuán grandes cosas había hecho Jesús con él" (v. 39).

¿Te estás sometiendo fielmente a la autoridad y cumpliendo debidamente uno de tus propósitos: hablar a otros de Dios? Pídele a Jesús que avive tu pasión por testificar a otros sobre lo que Él ha hecho en tu vida.

Señor, declaro que hoy llevaré a otros a ti al expresar mi gozo de tener mi vida sometida a tu poder y autoridad. Y les contaré las cosas maravillosas que has hecho por mí. Si todavía hay algún área de mi vida que debo someter a ti, te ruego que me lo reveles. Quiero consagrar toda mi vida a ti. Amén.

Habla con sabiduría

Hermanos míos, no os hagáis maestros muchos de vosotros,
sabiendo que recibiremos mayor condenación.

SANTIAGO 3:1

¿Has considerado ser maestra? ¿Quizá la líder de un estudio bíblico o la mentora espiritual de otra mujer? Me encanta escuchar a las mujeres cuando expresan su deseo de servir a Dios de esta manera. Muchas mujeres llegaron a conocer a Cristo porque otra mujer aceptó alegremente el reto y la responsabilidad de hablarles de Cristo. Fíjate que no dije que enseñar es una "tarea simple" o un "acto de disciplina fácil". Eso sería una falacia. Al estudiar la Palabra de Dios, descubrimos que Dios toma muy en serio el rol de maestro... y lo mismo deberíamos hacer nosotras.

Como nos muestra el pasaje de hoy, hay mayor juicio para aquellos que asumen el rol extraordinario de instruir a otros en la Palabra de Dios, en los asuntos de la fe y en los fundamentos de la vida cristiana. Si tú eres o quieres ser una maestra de la verdad de Dios, asegúrate de que tus motivos sean puros y libres de toda ambición egoísta. Si sientes el llamado de Dios a alcanzar a otros, hazlo en fe, sabiendo que Él te guiará y estará contigo. Ora constantemente, y prepárate para tus responsabilidades mediante el estudio de la Palabra. Experimentarás grandes bendiciones al cumplir y hacer fielmente lo que Dios te pide.

Es una buena idea hacer una pausa en este momento para que consideres la posibilidad de enseñar y recuerdes a los maestros que te enseñaron fielmente y a conciencia. En efecto, corrían un gran riesgo (a la luz de Stg. 3:1) cada vez que abrían la boca.

- *Tu pastor.* Gracias a Dios por sus estudios diligentes y por tener cuidado de trazar correctamente la Palabra de Dios y enseñar claramente sus verdades (2 Ti. 2:15).
- *Tus padres.* Ellos te impartieron capacidades, valores e instrucciones para la vida. Y si son cristianos, piensa en la forma en que te presentaron a Dios, al Hijo, al Espíritu Santo y la Biblia. En la mayoría de los casos hay *algo* que tus padres te enseñaron por lo que puedes agradecer al Señor.
- *Maestros escolares y profesores universitarios.* Ellos, al igual que una vela, irradian luz a otros mientras se van consumiendo. Dios usa a estas almas dedicadas para alumbrar nuestra vida.
- *Mujeres mayores.* Mentoras que desinteresadamente han apartado tiempo para hablar contigo, alentarte, instruirte y capacitarte en las cosas buenas del Señor.

Procura usar tu lengua para hablar con sabiduría a aquellas personas que luchan en la oscuridad. Pídele a Dios que te dé "lengua de sabios" para que puedas dar con soltura una palabra de aliento e instrucción a aquellos que están cansados (Is. 50:4).

Señor, gracias por aquellos que fueron ejemplo de fe y sabiduría divina durante mi vida. Si tú me llevas a asumir la responsabilidad de ayudar a pastorear a otra persona, tomaré en serio ese llamado. Te ruego que me concedas tu sabiduría al serte fiel de esta manera. Amén.

Cumple tu ministerio fielmente

Las mujeres asimismo sean honestas, no calumniadoras,
sino sobrias, fieles en todo.

1 TIMOTEO 3:11

Me gusta especialmente este versículo sobre el rol que la mujer cumple en la iglesia con las demás mujeres de la iglesia. En mi iglesia, a las mujeres que participan en este ministerio se las denomina diaconisas. Fue un privilegio para mí servir en esta posición durante más de veinte años.

A medida que la iglesia primitiva crecía, surgían nuevas necesidades. ¿Quién enseñaría a las mujeres nuevas que se convertían? ¿Quién les aconsejaría con respecto al matrimonio y los problemas familiares? ¿Quién las atendería cuando dieran a luz, en la enfermedad y al afrontar la muerte? ¿Quién las iría a visitar a sus hogares? ¡Las mujeres!

Entender el comportamiento de estas mujeres de la iglesia primitiva es una manera de entender cómo tú y yo debemos servir al cuerpo de Cristo. ¿Qué características debemos tener como siervas fieles?

Honestas y dignas de respeto: Puesto que Dios está en primer lugar en el corazón de toda mujer que busca la piedad, la suya es una vida de adoración. Como hija del Rey, actúa con nobleza de propósito, dignidad y decoro.

No calumniadoras: Se dice que una persona que habla maliciosamente sobre otra es una *chismosa*. Ayudar a las mujeres con nuestras obras y lastimarlas con nuestras palabras *no* van de la mano. Ten cuidado con lo que hablas con otras mujeres. Asegúrate de que tus motivos sean puros, que no estés defraudando la confianza y que tus acciones honren a Dios.

Sobrias: La moderación es más que un llamado a abstenerse de los excesos. Además, es un llamado emocional a tener calma, serenidad, seriedad y sensatez en el conocimiento de la Palabra de Dios y sus verdades. Es un llamado al dominio propio, a ser libre de cualquier adicción. Esto no significa que no puedes ser apasionada o vehemente en tu fe.

Fieles en todo: La mujer que sirve en la iglesia también debe ser leal y completamente confiable en el servicio que desarrolla en la iglesia.

Este es nuestro llamado, mi hermana en Cristo. Debemos vivir nuestro amor por Cristo y cumplir fielmente las tareas que Dios nos ha encomendado de acuerdo a las instrucciones recibidas.

De la Palabra de Dios a tu corazón

¿Es servir fielmente a Dios uno de los deseos más profundos de tu corazón? La fidelidad es una cualidad hermosa. Jesús a menudo hablaba de esta cualidad. El apóstol Pablo la requería de sí mismo y de aquellos que ministraban con él. Y Timoteo la ejemplificaba. Haz una pausa en este momento y pídele a Dios que te ayude a ser "fiel en todo" en tu vida diaria. No importa cuán grande (en la iglesia) o pequeño (en lo recóndito del hogar) sea tu servicio, cumple tu ministerio con fidelidad.

¡La fidelidad es una cualidad maravillosa! Que tu devoción a

Dios sea evidente en todo lo que dices y haces para que nunca se deje de ver la vida de Dios en ti.

Señor, ¿son mis palabras edificantes para los demás? ¿Son mis acciones respetables y desinteresadas? Ayúdame cada mañana a consagrarte el día a ti: mi Padre, mi Rey y mi Señor. Amén.

Crece en Él

Desechando, pues, toda malicia, todo engaño,
hipocresía, envidias, y todas las detracciones, desead,
como niños recién nacidos, la leche espiritual no
adulterada, para que por ella crezcáis para salvación,
si es que habéis gustado la benignidad del Señor.

1 PEDRO 2:1-3

¿Tienes sed? ¿Tienes ansias de pasar tiempo en la Palabra de Dios? Pedro nos exhorta a anhelar la Palabra de Dios como niños recién nacidos que necesitan la leche. Esto refleja cuál debería ser el grado de nuestro anhelo cuando estamos sedientas de conocer a Dios. Además es un hermoso recordatorio de que el estudio de la Palabra de Dios nunca debería ser un trabajo, sino siempre un deleite. Llenarse de las promesas e instrucciones de Dios es una experiencia gratificante, edificante y reveladora.

Una manera de deleitarte en la maduración de tu fe es hacer un recuento de tu vida en el presente. ¿Has tenido alguna vez tu guardarropa tan repleto, que tomaste la decisión de deshacerte de esas prendas gastadas o que ya no te quedaban bien? Créeme, no es fácil desprenderse de esas cosas que te resultan conocidas; pero ese intercambio en pro del orden, la facilidad de encontrar las cosas y saber qué tenemos, bien lo vale. Usa el mismo enfoque para tu vida espiritual. Pon manos a la obra y desecha esas actitudes y conductas que no tienen lugar en la vida de un creyente:

- *Trampa o engaño*: embaucar o enredar deliberadamente a otros por medio de la mentira.
- *Hipocresía*: decir una cosa y hacer otra.
- *Envidia*: descontento y resentimiento que surgen al ver que otro tiene algo que tú quieres.
- *Maledicencia*: difamar, murmurar, divulgar rumores y arruinar la reputación de otra persona.

¡Qué alivio! Es bueno ya no tener esas cosas. Ahora agrega las cosas que ennoblecen y edifican nuestra vida: la Palabra de Dios y su verdad. Como hija de Dios, concéntrate en aprender, crecer y madurar en Cristo.

De la Palabra de Dios a tu corazón

Amada, nunca es demasiado tarde para crecer en el Señor. Nunca es demasiado tarde para desechar conductas que no son propias de tu Dios. Y nunca es demasiado tarde para aceptar las verdades espirituales que se encuentran en la Palabra de Dios. Desechar lo malo y desear lo bueno pueden ser acciones a realizar cada día de tu vida. Aun creyentes de diez, veinte o treinta años siguen deseando ardientemente la Palabra de Dios. ¡De hecho, el deseo crece cuanto más creces tú en Cristo! ¡Oh, es mi esperanza y mi oración que esto sea cierto de ti!

Somos llamadas a desechar y desear. Yo solía tener problemas con la murmuración. Pero con constancia en la oración, la obligación de rendir cuentas a otros y el deseo de ser como Cristo, finalmente pude eliminar la murmuración de mi vida. Te animo a ti también a eliminar todo aquello que no sea recto ni bueno en tu vida. Tendrás tiempos de recaídas; todas los tenemos. ¡Pero persevera!

Señor, estoy dispuesta a eliminar la murmuración y otros usos negativos de mis palabras con tu fortaleza. No puedo creer que me sienta tan a gusto con estas actitudes vanas y dañinas. Estoy dispuesta a desecharlas y reemplazarlas por la verdad de tu Palabra. Ayúdame a crecer en ti cada día. Amén.

El designio de Dios para la familia

Hijos, obedeced en el Señor a vuestros padres, porque esto es justo. Honra a tu padre y a tu madre, que es el primer mandamiento con promesa; para que te vaya bien, y seas de larga vida sobre la tierra. Y vosotros, padres, no provoquéis a ira a vuestros hijos, sino criadlos en disciplina y amonestación del Señor.

EFESIOS 6:1-4

Si eres madre, conoces el temor que se siente cuando tu hijo se cae en el parque infantil o cuando ya son altas horas de la noche y tu hija adolescente todavía no ha vuelto a casa. En el mundo romano de los días de Pablo, la vida era aún más terrible para las madres y más peligrosa para los hijos. Muchos niños eran abandonados, vendidos como esclavos o ignorados por su familia. La ley romana le daba al padre la autoridad absoluta. Si el padre era un tirano, su esposa y los hijos podían estar expuestos a una vida de crueldad. Por eso, la notable descripción de Pablo de una familia llena del Espíritu ofrecía esperanza en ese entonces, y aún hoy nos sigue sirviendo como ejemplo de una familia piadosa. El estímulo y la instrucción de la Palabra de Dios siempre son relevantes.

Los atributos que debemos inspirar en todas nuestra relaciones son la obediencia y la honra. Los hijos, especialmente, seguirán nuestro ejemplo si somos fieles al...

- disciplinarlos
- animarlos
- instruirlos
- mantener el amor como fundamento
- educarlos
- felicitarlos

Tu familia crecerá sana cuando el Señor, como autoridad de tu hogar, es el que guía las decisiones.

De la Palabra de Dios a tu corazón

En general, dada la cantidad de tiempo que pasas con tus hijos comparado a tu esposo, tú eres la que está al frente de la crianza de tus hijos. Tu influencia es grande, pero no dejes de incluir a tu esposo en este proceso. Ten la meta de trabajar como un equipo con Dios. Ten cuidado de que tus hijos no los pongan a ti y a tu esposo uno contra el otro. Tengan unidad en la disciplina y hablen en privado de sus diferencias en la crianza de sus hijos. Asimismo, tengan la meta mutua de no provocar a sus hijos. Ellos responderán bien a la unidad, la mansedumbre y la consideración.

Ningún otro rol trae mayor gozo o bendición que el de madre. Es con amor y oración por ti que te explico estos principios que me guiaron durante aquellos años de participación activa en la crianza de mis hijos:

- Ama a tu esposo.
- Ama a tus hijos.
- Confía en que Dios te dará su fortaleza.
- Mantente firme.
- Admite tu responsabilidad.

- Pide la opinión de tu esposo.
- Busca los sabios consejos de aquellos que ya pasaron esa etapa.
- Busca la sabiduría del Señor en oración y lectura de su Palabra.

Señor, llévame a un amor más profundo y a una comprensión más paciente por mi familia. Enséñame con tu Palabra a ser una madre sabia. Y ayúdame a cumplir tu designio de ser un ejemplo digno para mi familia. Amén.

El estilo de vida de Timoteo

Espero en el Señor Jesús enviaros pronto a Timoteo,
para que yo también esté de buen ánimo al saber de
vuestro estado; pues a ninguno tengo del mismo ánimo,
y que tan sinceramente se interese por vosotros. Porque
todos buscan lo suyo propio, no lo que es de Cristo
Jesús. Pero ya conocéis los méritos de él, que como
hijo a padre ha servido conmigo en el evangelio.

FILIPENSES 2:19-22

¿Alguna vez has dicho "Sí, pero…"? Es asombroso cómo
una pequeña palabra —*pero*— puede enviar una señal tan
fuerte de falta de fe o de entendimiento. Al meditar en el sacrificio que Cristo hizo, pensamos: "¡Sí, pero Él era *Jesús*! Era Dios
manifestado en carne. Yo soy 'solo' humana".

Considera que Jesús pensaba siempre en los demás, Él servía a
los demás todo el tiempo (aun cuando estaba en oración, era para
ser renovado y poder ayudarnos) y sometía su voluntad a la de su
Padre. ¿No sería maravilloso ser así? "Sí, pero…".

Pues bien, el apóstol Pablo sabía que algunos podían responder con esa pequeña palabra, pero poderosamente negativa. Él
nos presenta a su colaborador y compañero de viaje, Timoteo,
y dice: "Bien, aquí hay otra persona como yo, que piensa en los
demás y no en sí mismo". Timoteo también era "solo" humano;
pero había aprendido a ser un siervo fiel. Y llegó a ser así porque
primero fue un aprendiz fiel. Que el ejemplo de Timoteo te ayude

a cambiar tu "Sí, pero…" por un "Sí, yo puedo…". No hay excusas válidas que te impidan ser una sierva del Señor.

¿Cómo puedes llegar a ser más como Pablo y Timoteo en tu servicio al Señor y a las personas que te rodean?

☞ *Sométete a Dios.* Tú eres su sierva.
☞ *Sométete a otra persona.* Tal vez, para llegar a ser como Timoteo necesites someterte a un Pablo. ¿Tienes a alguien con quien puedas servir hombro a hombro? ¿Estás ayudando a alguna mujer mayor o a otra mujer en el servicio al Señor?
☞ *Perfecciona tu servicio.* Pule tu capacidad y disposición en el ministerio. Fortalece tu fe. Incrementa tu conocimiento de las Sagradas Escrituras.
☞ *Conténtate en el segundo lugar.* En el ministerio hay armonía cuando todos buscan ser siervos.
☞ *Conságrate en estos cuatro aspectos.* ¿Firmarás la declaración de abajo que se presentó en una conferencia a la cual asistí?

Me consagro a ti, Señor…
　　En todas las cosas
　　En todo lugar
　　En todo tiempo
　　A cualquier costo

_____

Nombre　　　　　　　　　　Fecha

¿Qué actitud, interés del corazón, lealtad o sacrificio extraído del ejemplo de Timoteo puedes incorporar a tu vida de humilde servicio al pueblo de Dios?

Señor, ayúdame a servir codo con codo junto a otras mujeres para la gloria de tu nombre mediante la compasión, la enseñanza y la fidelidad. Ayúdame a decirte que sí y a perseverar aunque considere que no tengo mucho potencial como sierva debido a mis errores o falta de entendimiento. Amén.

Sigue a Jesús

Pero Jesús dijo a Simón: No temas; desde ahora serás
pescador de hombres. Y cuando trajeron a tierra las barcas,
dejándolo todo, le siguieron.

LUCAS 5:10-11

Mientras Jesús ministraba fielmente a las multitudes, estaba
en la búsqueda de personas con pasión y propósito, aquellas que
estuvieran dispuestas a hacer sacrificios para seguirle como su
Maestro, aquellas que calcularan el costo y decidieran seguirle.
Multitudes llegarían, y finalmente muchos se irían. Pero en el
flujo y reflujo de la muchedumbre, pocos dedicarían su vida a
estar con Jesús.

Del Evangelio de Lucas podemos aprender qué significa *seguir*
a Jesús. Uno de los requisitos principales es la fe. Podemos ver fe
en estas personas que Jesús encontró.

Los cuatro pescadores: Cuando Jesús hizo el milagro de llenar
de peces la red de los pescadores, se quedaron atónitos y no se
sintieron dignos de su presencia. Pero cuando Jesús les dijo que
a partir de ese momento serían pescadores de hombres, Simón
Pedro, Santiago y Juan (hijos de Zebedeo) y Andrés no dudaron.
Siguieron a Jesús y dejaron toda su vida atrás (Mt. 4; Lc. 5).
¿Tienes como máxima prioridad seguir a Cristo?

El leproso: Un leproso se postra en tierra y le ruega con absoluta fe en el poder de Jesús: "Señor, si quieres, puedes limpiarme" (Lc. 5:12). ¿Acaso le pides a Jesús con semejante convicción y fe?

El paralítico y sus amigos: Ciertos amigos bajan a un hombre paralítico por el tejado de una casa para que Jesús lo sane. "Al ver él la fe de ellos, le dijo: Hombre, tus pecados te son perdonados" (Lc. 5:20). La determinación de ellos revelaba su fe. ¿Harías cualquier cosa por seguir a Jesús?

¿Acaso no son historias de fe asombrosas? ¿Ven los demás la misma pasión y entrega en tu búsqueda de Jesús y en todo lo que Él te llama a ser?

De la Palabra de Dios a tu corazón

A los cristianos les gusta cantar himnos que hablan de seguir a Jesús. Pero seguir al Señor no es tarea fácil o un compromiso liviano. Jesús es un Maestro de amor, pero exigente. Él espera que sus seguidores le escuchen, aprendan y obedezcan. Cuando Jesús enseñó sobre el pan de vida, muchos seguidores "en las buenas" se marcharon. No podían aceptar sus enseñanzas (Jn. 6:48-66).

¿Acaso dudas? ¿O dices como Pedro: "Señor, ¿a quién iremos? Tú tienes palabras de vida eterna"? (Jn. 6:68). Para vivir con pasión y propósito, debes seguir a Jesús sin reservas.

¿Conoces a alguien que necesita escuchar acerca de Jesús? Busca a Dios en oración y haz planes de predicar las buenas nuevas del evangelio.

Señor, tú me has llamado y yo estoy dispuesta a seguirte.
Ayúdame a ser un testigo de fe y pasión al testificar de ti
a las personas que me rodean. Amén.

Pelea la batalla espiritual

Timoteo, hijo mío, te doy este encargo porque tengo
en cuenta las profecías que antes se hicieron acerca de ti.
Deseo que, apoyado en ellas, pelees la buena batalla
y mantengas la fe y una buena conciencia.

1 TIMOTEO 1:18-19 (NVI)

En realidad no soy aficionada al futbol americano, pero tras
criarme con tres hermanos y mi padre, convivir con mi esposo
Jim, y tener dos yernos, de alguna manera conozco algo de ese
deporte. Es probable que tú también conozcas algo de futbol
americano. Cuando los jugadores de un equipo se reúnen en
círculo durante el partido, se le llama *huddle*. En ese momento,
uno de los jugadores les explica a sus compañeros la jugada que
el entrenador ha decidido poner en práctica.

Ahora bien, hoy quiero que te imagines ese *huddle*... un
huddle de dos. Ese par está formado por un experimentado entrenador —el apóstol Pablo— y el joven y tímido jugador: Timoteo.
Tal vez, el anciano Pablo coloca su mano cariñosamente sobre
el hombro de su discípulo Timoteo, y le explica cómo pelear las
batallas que está afrontando en Éfeso.

¿Qué hay de ti, mi amiga? ¿Necesitas recibir hoy algunas palabras de aliento? ¿Necesitas un pequeño consejo para manejar tus
difíciles situaciones? Igual que muchos buenos entrenadores,
Pablo usa una ilustración para explicarle a Timoteo su posición
en el equipo.

Un cristiano debe ser un buen soldado. Pablo alienta a Timoteo a "[pelear] la buena batalla" (v. 18, NVI). Pablo no se está refiriendo a una sola batalla, sino a una campaña militar. Igual que Timoteo, nosotras también debemos...

- ☞ mantener la fe y la buena conciencia.
- ☞ aferrarnos fuertemente a nuestra fe.
- ☞ negarnos a ceder a la tentación.
- ☞ manifestar nuestra fe con la conciencia tranquila.

Un cristiano debe ser un buen marinero. En 1 Timoteo 1:19, Pablo pasa de la ilustración de una campaña militar a la de un naufragio. ¿Qué nos ayudará a ti y a mí a navegar a través del pecado y el error? Una buena conciencia, conducida por estas fuerzas:

- ☞ la Palabra de Dios
- ☞ la oración
- ☞ la comunión cristiana

De la Palabra de Dios a tu corazón

La vida cristiana es una batalla; una batalla *espiritual*. Puede que no nos guste, y desearíamos que fuera de otra manera, pero es así. De modo que nosotras, al igual que Pablo y Timoteo, debemos pelear la buena batalla. Debemos aferrarnos a dos disposiciones del corazón inseparables y valiosas: la fe y una buena conciencia.

¿Está el Espíritu Santo advirtiendo a tu conciencia sobre algún aspecto de tu comportamiento? ¿Estás haciendo lo que sabes que está bien en cada área de tu vida? ¿O estás ignorando deliberadamente ese aviso interno? Toma un tiempo para reflexionar en estas preguntas difíciles, pero importantes. Haz un *huddle* con Dios y pregúntale cuál es el plan de juego. Atiende a su sabio consejo e instrucción. Cuando cometas un *fumble* (o balón suelto) y pierdas la posesión del balón (porque sucederá), Dios ya te ha dado la manera de volver a su plan: "Si confesamos nuestros pecados, él es fiel y justo para perdonar nuestros pecados, y limpiarnos de toda maldad" (1 Jn. 1:9).

Luego acepta el perdón y la gracia de Dios y vuelve al juego.

Señor, tú sabes que cada día necesito tu instrucción y tu guía. Hoy te confieso mis pecados para poder seguir en tu plan. Te ruego que me des la victoria en mi batalla. Amén.

Pensar en los demás

Para que también vosotros sepáis mis asuntos, y lo
que hago, todo os lo hará saber Tíquico, hermano
amado y fiel ministro en el Señor, el cual envié a
vosotros para esto mismo, para que sepáis lo tocante
a nosotros, y que consuele vuestros corazones.

EFESIOS 6:21-22

¿Acaso no te encanta recibir esas tarjetas que dicen: "Pienso
en ti"? Yo compré un paquete de esas tarjetas para tenerlas
a mano y animar a las personas deprimidas o que sufren de
alguna manera.

Aunque el apóstol Pablo estaba sufriendo en la prisión, escribió una carta alentadora para los creyentes de Éfeso, destinada
a leerse en todas las iglesias de la región. Pablo decidió enviar la
carta por manos de un amigo de confianza, quien llevaría sus
saludos personales a las personas de Éfeso y los pondría al tanto
de cómo estaba él.

¿Estás pensando en otros hoy? Aunque te estés enfrentando a
circunstancias difíciles, puedes abrir tu corazón a otros si te enfo-
cas en las bendiciones que recibes de Dios Padre y de tu Señor
Jesucristo, entre las que se incluyen:

- *Paz* en las circunstancias de tu vida.
- Un *amor* incondicional y constante.

- 🍃 Una *fe* firme y fuerte.
- 🍃 *Gracia* y una abundancia de otras bendiciones.

De la Palabra de Dios a tu corazón

En referencia a mi propio corazón, ha sido una experiencia maravillosa llegar a conocer algunas de las muchas y maravillosas bendiciones que nos pertenecen en Jesucristo... bendiciones que vienen de los lugares celestiales. Es increíble darse cuenta de que, como hijos e hijas del Rey, tú y yo hemos recibido *toda bendición espiritual* (Ef. 1:3). ¡Créelo porque Dios lo dice! Solo este hecho debería impulsarnos a caer sobre nuestras rodillas en alabanza y adoración.

Amiga, si eres obediente a Dios y descansas en el poder del Espíritu, experimentarás la realidad diaria de tus bendiciones celestiales en Cristo.

Señor, ayúdame a pensar en los demás y mostrarles tu amor para que ellos también puedan experimentar tus abundantes bendiciones. Me aferro fuertemente a tus promesas y a las grandes dádivas de tu gracia, amor y paz. Amén.

Descansa en la gracia y la paz de Dios

Gracia y paz os sean multiplicadas.

1 Pedro 1:2

Tú eres una mujer especial. Lo sé. ¿Sabes cómo lo sé? Porque te estás esforzando por obtener gracia y paz al apartar tiempo para estos devocionales y para la Palabra de Dios. Cuando Dios vive en nosotros, su Espíritu provoca en nuestra vida el anhelo de su dulce paz.

¿Estás luchando o sufriendo? ¿Estás afrontando una pérdida dolorosa? Una respuesta común en las mujeres la primera vez que se les pide que adopten en su vida un espíritu afable y apacible es: "Pero yo no puedo ser así. No puedo tener calma cuando tengo problemas". Es cierto… si confiamos en nuestras propias fuerzas. Pero cuando nos apropiamos de las grandes herramientas de Dios —su gracia y su paz— podemos tener calma y paz aun en los momentos difíciles. Solo necesitamos…

- 🕊 *Descansar en la gracia de Dios.* Nos fue concedida. Está aquí. Está a nuestra disposición.
- 🕊 *Orar por la gracia de Dios.* Tu conciencia de la gracia de Dios será mayor cuando le des más cosas a Dios y te entregues más a Él.
- 🕊 *Seguir adelante con la vida.* A pesar de nuestras dificultades, es posible e importante tener algo positivo que

mostrar por nuestro sufrimiento, incluido cuánto Dios nos ama, cómo cuida de nosotras y cómo suple nuestras necesidades.

De la Palabra de Dios a tu corazón

Es maravilloso pensar en la gracia y la paz de Dios. Estas son dos de las dádivas más maravillosas que Él nos ha concedido. Las meras palabras conmueven nuestra alma.

La *gracia* es activa e implica "favor". De modo que cualquiera que sea tu situación, cualquiera que sea la ocasión, tienes el favor de Dios. Tienes lo que necesitas para luchar, resistir y obtener la victoria. Pedro ora para que la gracia de Dios sea con los destinatarios de su carta… incluidas tú y yo.

La *paz*, por otro lado, es pasiva e implica descanso. Por tanto, querida, cualquiera que sea tu situación, cualquiera que sea la ocasión o la necesidad, tienes la paz de Dios. Tienes el descanso de Dios *en* tu sufrimiento.

Sí, cuando sufrimos por hacer lo correcto y somos fortalecidas por el poder de la gracia de Dios y disfrutamos de su paz; cuando adoptamos un espíritu afable y apacible y confiamos en el Señor y no en nuestras fuerzas y emociones humanas; cuando esperamos en Él para poder entender nuestra etapa de sufrimiento, finalmente es entonces cuando en realidad tenemos mucho para mostrar. Cada vez que atravesamos tiempos difíciles, demostramos que, al final, la gloria del Señor realmente se revela. Como declaró el salmista: "Gustad, y ved que es bueno Jehová; Dichoso el hombre [o la mujer] que confía en él" (Sal. 34:8).

Dios, clamo a ti durante este tiempo de prueba. Que tu gracia y tu paz me ayuden a adoptar un espíritu afable y apacible incluso en este momento… especialmente en este momento. Declaro que confiaré en tus fuerzas y no en las mías mientras espero tu sanidad y dirección. Amén.

Luminares en el mundo

Haced todo sin murmuraciones y contiendas, para que seáis
irreprensibles y sencillos, hijos de Dios sin mancha en medio
de una generación maligna y perversa, en medio de la cual
resplandecéis como luminares en el mundo; asidos de la palabra
de vida, para que en el día de Cristo yo pueda gloriarme
de que no he corrido en vano, ni en vano he trabajado.

FILIPENSES 2:14-16

Si eres madre, sabes que la crianza de los hijos siempre viene
acompañada de una gran cantidad de esperanzas y oraciones.
Con profundo amor por tus hijos, haces grandes esfuerzos
durante sus años formativos, para asegurarte de que no falten
los valores, la educación y la disciplina necesarios. Cada día
elevas oraciones para obtener el resultado final de tu amor
y esfuerzo: *¿Crecerán en el amor del Señor? ¿Seguirán en los
caminos de Dios? ¿Prestarán atención a la Palabra del Señor?
¿Llevarán a otros al Salvador?*

Cuando Pablo se dirige a sus amados hijos en el Señor de la
iglesia de Filipos, también nos instruye a nosotras, como madres,
a cumplir el objetivo espiritual de hacer evidente nuestra fe. Pablo
quiere que los hijos de Dios brillen como luminares en el mundo.
¿Cuáles son los sabios consejos de Pablo?

- ☞ Vive tu salvación hasta el final, y ponla de manifiesto en tu vida diaria.
- ☞ Esfuérzate por ser obediente a efectos de que Dios produzca frutos espirituales en tu vida.
- ☞ Aférrate fuertemente a las verdades y los principios de la Palabra de Dios.
- ☞ Sigue el ejemplo de Cristo de servir a otros y anímalos a creer en Cristo y crecer en su fe.

Pablo, nuestro maestro y padre espiritual, anhela que seamos hijas de Dios firmes, fieles y obedientes.

De la Palabra de Dios a tu corazón

Después de la muerte del doctor Louis Talbot, su esposa, la doctora Carol Talbot, escribió una biografía de la vida de su esposo titulada *Para esto he nacido*. Me encanta leer sobre la fascinante e inspiradora vida de este gran santo, predicador y fundador del seminario que lleva su nombre. Me encanta especialmente el título.

¿Sabes cuál es tu propósito, querida mía? ¿Puedes decir con denuedo "Para esto he nacido" y saber qué es "esto"? ¡Jesús pudo! Y fue claro al declarar: "Yo para esto he nacido" cuando Pilato le interrogó (Jn. 18:37). Jesús siguió diciendo: "y para esto he venido al mundo, para dar testimonio a la verdad. Todo aquel que es de la verdad, oye mi voz".

¿Estás viviendo tu propósito para el agrado de Dios sin murmurar ni discutir? ¿Estás estudiando las instrucciones de Dios y siendo obediente a fin de descubrir tu gran propósito en Cristo? Has recibido la dádiva de ser una hija de Dios. Tu Padre celestial quiere verte brillar para Él. Por esta causa… por este privilegio… naciste… para alumbrar con tu luz al mundo.

Padre, cuán privilegiada soy de ser tu hija. Tu Palabra está llena de tus enseñanzas e instrucciones como mi Padre. Además me has bendecido con padres espirituales, incluido Pablo, que me animan e inspiran a obedecer fielmente y ser ejemplo de un corazón dedicado al sacrificio y al servicio. Gracias. Amén.

Resiste la tentación

Respondiendo Jesús, le dijo [al diablo]: Dicho está:
No tentarás al Señor tu Dios.

LUCAS 4:12

¿Has escuchado a alguien decir "¡el diablo me hizo caer!" para tratar de justificar su pecado o falta? Ya sea en broma o no, esa no es una afirmación precisamente verdadera. En realidad, como alguien dijo humorísticamente: "Nosotros encendemos el fuego, y el diablo le echa combustible". Encender el fuego es nuestra decisión. En el pasaje de Lucas 4 del comienzo, cuando el astuto diablo estaba tratando de tentar a Jesús, vemos una situación diferente. Jesús en ningún momento encendió el fuego, ¡y de ese modo no le dio al diablo la oportunidad de echarle combustible! Observa cómo fue tentado Jesús, peleó la batalla, resistió la tentación, obtuvo la victoria y siguió en el poder el Espíritu Santo para enseñar poderosamente la verdad y mostrar con portentos su autoridad.

Entonces el diablo le dijo: Si eres Hijo de Dios, di a esta piedra que se convierta en pan. Jesús, respondiéndole, dijo: Escrito está: No sólo de pan vivirá el hombre, sino de toda palabra de Dios (vv. 3-4).

Y le llevó el diablo a un alto monte, y le mostró en un momento todos los reinos de la tierra. Y le dijo el diablo: A ti te daré toda esta potestad... Si tú postrado me adorares... Respondiendo Jesús, le dijo: Vete de mí, Satanás, porque escrito está: Al Señor tu Dios adorarás, y a él solo servirás (vv. 5-8)

Y [el diablo] le llevó a Jerusalén, y le puso sobre el pináculo del templo, y le dijo: Si eres Hijo de Dios, échate de aquí abajo; porque escrito está: A sus ángeles mandará acerca de ti, que te guarden... Respondiendo Jesús, le dijo: Dicho está: No tentarás al Señor tu Dios" (vv. 9-10, 12).

Jesús reprendió a Satanás y a cada tentación. Nosotras podemos resistir la tentación con el poder de Cristo que se encuentra en las verdades de las Escrituras. Entonces, ¿qué puedes hacer la próxima vez que seas tentada?

Confía que Dios es fiel. Él "no [te] dejará ser tentada[a] más de lo que [puedes] resistir, sino que dará también juntamente con la tentación la salida, para que [puedas] soportar" (1 Co. 10:13).

Toma toda la armadura de Dios. Si te ciñes tus lomos con la verdad, te vistes con la coraza de justicia, te calzas los pies con el apresto del evangelio de la paz y tomas el escudo de la fe, el yelmo de la salvación y la espada del Espíritu (la Palabra de Dios), estás lista para la batalla (Ef. 6:13-17).

Conoce que no estás sola en tus pruebas. Jesucristo, nuestro Sumo Sacerdote, fue tentado como tú. Él siente compasión y entiende lo que estás afrontando. Él no te dejará sola en tu prueba. Puedes acercarte "confiadamente al trono de la gracia, para alcanzar misericordia y hallar gracia para el oportuno socorro" (He. 4:16). ¡Jesús está dispuesto a ayudarte!

Tener un propósito, una meta, es una de las fuerzas más dinámicas de la naturaleza humana. Con propósito, el hombre o la mujer puede lograr sorprendentes hazañas, alcanzar grandes metas y persistir en medio de alarmantes dificultades. Sin propósito, muchas personas andan sin rumbo en la vida sin mucho que mostrar por su existencia.

¿Conoces tu propósito? ¿Conoces tu razón de ser? ¿Conoces el curso de tu día cada vez que sale el sol? Josué sí, y lo declaró al decir: "yo y mi casa serviremos a Jehová" (Jos. 24:15). María, la madre de Jesús, conocía su propósito, porque dijo: "He aquí la sierva del Señor; hágase conmigo conforme a tu palabra" (Lc. 1:38). Pablo conocía su propósito y proclamó: "Porque para mí el vivir es Cristo" (Fil. 1:21). Si no estás segura de tu propósito, pide a Dios y a otros que te ayuden a entender. Luego enfócate en vivir para Cristo y hacer lo que Él quiere que hagas. Y recuerda que con la ayuda de Dios puedes resistir la tentación y cumplir el propósito de tu vida.

Dios, hoy vengo ante tu trono sabiendo que en esta vida tendré tentaciones que podrían amenazar mi vida y mi fe. Recuérdame que debo acudir a tu Palabra y ponerme toda tu armadura para estar protegida y obtener la victoria. Gracias por tu misericordia y tu fidelidad. Amén.

Reconoce a los falsos maestros

Si alguno enseña otra cosa, y no se conforma a las sanas
palabras de nuestro Señor Jesucristo, y a la doctrina que
es conforme a la piedad, está envanecido, nada sabe, y
delira acerca de cuestiones y contiendas de palabras, de las
cuales nacen envidias, pleitos, blasfemias, malas sospechas,
disputas necias de hombres corruptos de entendimiento y
privados de la verdad, que toman la piedad como fuente
de ganancia; apártate de los tales.

1 TIMOTEO 6:3-5

Amiga mía, tengo grandes noticias acerca de las buenas
nuevas. ¡La Biblia contiene *todo* lo que necesitamos para la vida
y la piedad! Dios ha incluido una multitud de temas. Cuando
vemos un principio doctrinal que se repite, sabemos que Dios
quiere que prestemos mucha atención. Así que hoy siéntate y
toma nota. Pablo está repitiendo, por tercera vez, instrucciones concernientes a reconocer a los falsos maestros. Vamos a
prestar especial atención a las tres señales de un falso maestro.

Doctrina diferente. Los falsos maestros promueven principios
que no concuerdan con las enseñanzas de Pablo y, en consecuencia, con las enseñanzas de Jesús. ¿Cómo puedes conocer las falsas
enseñanzas? ¡Mediante el estudio de las Escrituras! Cuanto más
conocimiento tengas, mejor reconocerás los errores.

Orgullo. El orgullo ha sido el causante de la mayor parte de los problemas de la humanidad. Puede infectar a cualquier persona de diferentes maneras: su salud, posesiones, educación, conocimiento, privilegio, e incluso su humildad.

Discurso controversial. Las palabras pueden tener efectos poderosos. Las palabras de un falso maestro producen frutos de controversia, contiendas, disputas necias y peleas sobre qué es la verdad. Tú y yo somos llamadas a declarar palabras sanas, convenientes y edificantes. Nuestras palabras deberían edificar, motivar y alentar a las personas.

De la Palabra de Dios a tu corazón

¿Anhelas vivir una vida piadosa… una vida santa? Un paso decisivo es incrementar tu conocimiento y entendimiento de la Palabra de Dios. Salmos 19:7-9 dice:

> La ley de Jehová es perfecta, que convierte el alma; el testimonio de Jehová es fiel, que hace sabio al sencillo. Los mandamientos de Jehová son rectos, que alegran el corazón; el precepto de Jehová es puro, que alumbra los ojos. El temor de Jehová es limpio, que permanece para siempre; los juicios de Jehová son verdad, todos justos.

En Efesios 4:29, Pablo nos da la siguiente instrucción: "Ninguna palabra corrompida salga de vuestra boca, sino la que sea buena para la necesaria edificación, a fin de dar gracia a los oyentes". ¿Cómo te va en este aspecto? ¿Haces el esfuerzo de decir palabras sanas, palabras llenas de gracia que edifiquen y alienten? ¿Reconoces las falsas enseñanzas y enseñas la verdad? ¿Necesitas hacer cambios en tu manera de hablar y tu actitud?

¿Y qué parte tendrá la Palabra de Dios en tu plan de buscar la piedad?

Señor, quiero que mis palabras sean sanas y edificantes. Quiero sostener fuertemente las palabras de Jesús como la verdad para que nunca enseñe doctrinas falsas. Ayúdame a transmitir tu verdad y tus caminos. Amén.

Prepárate para la guerra espiritual

Fortaleceos en el Señor, y en el poder de su fuerza.
EFESIOS 6:10

Tú eres receptora de muchas bendiciones espirituales, y Dios te da numerosas oportunidades de servirle y ser de bendición para otros. Pero el llamado a vivir una vida controlada por el Espíritu no siempre es dichoso. Efesios 6 nos habla de ser fuertes en el Señor y nos llama a fortalecernos en Él, porque tendremos que luchar "contra principados, contra potestades, contra los gobernadores de las tinieblas de este siglo, contra huestes espirituales de maldad en las regiones celestes" (v. 12).

¿Es tu primer pensamiento el mismo que el mío? *¿Pero no me había alistado para vivir en amor, no para la guerra?* ¿Acaso ser cristiano no tiene que ver con enfocarse en la gracia, la misericordia y el amor de Dios? El apóstol Pablo nos recuerda que nuestra firme fe en Dios nos coloca en la lista negra de Satanás. Una mujer que ama a Dios y sirve a su pueblo es una amenaza para el diablo, y él hará todo lo posible para que dejemos de seguir a Cristo.

De la Palabra de Dios a tu corazón

Tenemos muchas batallas en nuestra vida física diaria. La batalla por mantenernos en forma, la batalla para que los niños coman vegetales, la batalla para pagar las cuentas, la batalla para... bueno, como sabes, ¡la lista es interminable! Pero tú y yo, y todos los creyentes, necesitamos reconocer por qué, por lo general, no estamos preparadas para la batalla espiritual.

- ❧ *No reconocemos el peligro.* Subestimamos constantemente el poder de Satanás.
- ❧ *No entendemos la importancia de la armadura de Dios.* ¡Buenas noticias! La Palabra de Dios (específicamente el capítulo 6 de Efesios) revela cómo vestirse para la batalla.
- ❧ *No tomamos en serio el hecho de que estamos en una batalla espiritual.* Sin preparación y entrenamiento, ningún soldado está listo para la batalla... incluso nosotras.
- ❧ *No nos damos cuenta de que estamos constantemente en zona de guerra.* No estamos simplemente en un centro comercial, o en una oficina, o en una escuela, ni siquiera en una casa o departamento. Dondequiera que vayamos es parte del territorio de Satanás; por tanto, sería mejor que seamos conscientes de eso para que podamos estar preparadas, dispuestas y calificadas para pelear.

¡Dios no nos deja indefensas! Con la verdad de su Palabra, podemos estar preparadas espiritualmente para pelear y ganar la guerra. La palabra guerra suena intimidante, ¿verdad? Por eso, no nos enfrentamos a los oponentes espirituales en nuestras propias fuerzas. No, sino que dependemos completamente de la fortaleza del Señor y del poder de su fuerza.

La victoria es tuya en Jesucristo. Pide a Dios que te dé la determinación de "toma[r] toda la armadura de Dios, para que [puedas] resistir en el día malo, y habiendo acabado todo, estar firme[s]" (Ef. 6:13). Cuando tienes la victoria en este frente, las batallas que experimentas en el hogar, el trabajo y las relaciones son situadas en perspectiva y, a menudo, se resuelven.

Padre, muéstrame la manera de batallar. Cuando me enfoco mucho en las batallas humanas de cada día, a menudo me olvido de estar alerta contra la batalla espiritual. Protégeme de las tácticas del enemigo. Dame tu sabiduría para prepararme y tus fuerzas, poder y sabiduría para poder ser victoriosa y glorificar tu nombre. Amén.

Define la verdadera sabiduría

Pero la sabiduría que es de lo alto es primeramente pura,
después pacífica, amable, benigna, llena de misericordia y de
buenos frutos, sin incertidumbre ni hipocresía. Y el fruto de
justicia se siembra en paz para aquellos que hacen la paz.

SANTIAGO 3:17-18

Una vida de encantadora gracia ejemplifica el fruto de la
sabiduría y sus exóticas fragancias de humildad y bondad.
Podemos saber mucho sobre la vida de fe de una persona por
cuán bien siembra sabiduría y paz. El mundo juzga la belleza
por los elementos externos: el estilo del cabello de una mujer,
la marca de su ropa, el valor monetario de su casa y de su auto.
Pero la belleza de Dios se deja ver a través de las sabias palabras
de piedad y edificación que bendicen a sus oyentes.

Considera estas definiciones y explicaciones que da Santiago
de los ocho componentes de la sabiduría espiritual: aquella que
viene de lo alto.

- *Pura*: La verdadera sabiduría está libre de segundas
  intenciones e intereses personales.
- *Pacífica*: La verdadera sabiduría hace la paz en nuestras
  relaciones con otros y con Dios.
- *Amable*: La verdadera sabiduría perdona, y es buena y
  considerada con todos.
- *Benigna*: La verdadera sabiduría está caracterizada por

la disposición a escuchar y el sentido de saber cuándo ceder.

🍃 *Llena de misericordia*: La verdadera sabiduría ayuda a otros.

🍃 *Llena de buenos frutos*: La verdadera sabiduría produce "buenos frutos" de nuestras obras.

🍃 *Sin incertidumbre*: La verdadera sabiduría no duda ni vacila en indecisión, ni hace favoritismos en el anuncio de la verdad y el cumplimiento de sus normas.

🍃 *Sin hipocresía*: La verdadera sabiduría no incluye engaño, presunción ni egoísmo.

De la Palabra de Dios a tu corazón

¿Cómo te fue con esta lista de revisión? ¿Se pueden ver esos "buenos frutos" en tu vida? ¿No hay evidencia de algunas de estas señales en tu manera de hablar o de actuar? Piensa un momento en tus relaciones y en la influencia que ejerces en los demás. ¿Eres una promotora de la paz y la justicia?

Deseo que tengas un corazón sabio. Que tus palabras estén llenas de la sabiduría de Dios. Y que tu oración sea el pedido humilde de nunca poner tu necesidad o tu opinión por encima de las necesidades de los demás. Siembra la paz en tu familia. Habla con misericordia y sé sincera cuando perdones a otros. Y experimentarás la encantadora belleza de una vida que rebosa verdadera sabiduría: la sabiduría de Dios.

Dios, cuando confío en mi sabiduría y en la influencia de este mundo, termino por sembrar descontento y celos. No quiero confiar en mis emociones ni en la corriente actual. Quiero que mi vida esté llena del fruto de tu sabiduría para que pueda bendecir a otros y alabar tu nombre. Amén.

Vive en la presencia de Dios

Ya destinado desde antes de la fundación del mundo,
pero manifestado en los postreros tiempos por
amor de vosotros, y mediante el cual creéis en Dios,
quien le resucitó de los muertos y le ha dado gloria,
para que vuestra fe y esperanza sean en Dios.

1 PEDRO 1:20-21

¿Qué significa la salvación para ti? ¿Qué incidencia tiene en tu vida diaria saber que Jesús entregó su vida y derramó su sangre preciosa por ti? Echemos un vistazo a dos santos que consideraron esta realidad y rápidamente hicieron cambios profundos en sus vidas. La primera es Jenny Lind, una espectacular cantante de principios del siglo XIX, conocida como el "ruiseñor sueco". Cuando le preguntaron por qué había abandonado el escenario cuando estaba en la cima de su éxito, la señorita Lind respondió con su dedo sobre una Biblia: "Cuando cada día me hacía pensar menos en esto, ¿qué otra cosa podía hacer?".

La segunda persona es un capitán del ejército del mismo siglo que la señorita Lind. Se cuenta la historia de que Hedley Vicars estaba sentado en la habitación de un hotel esperando la llegada de otro oficial. Mientras esperaba y hojeaba las páginas de la Biblia, sus ojos se posaron en estas palabras: "la sangre de Jesucristo su Hijo nos limpia de todo pecado" (1 Jn. 1:7). Cerró el Libro y se inclinó a orar: "Si esto es verdad para mí, de aquí en adelante viviré, por la gracia de Dios, como un hombre que ha sido lavado en la sangre de Cristo".

¡Los asombrosos hechos de la muerte de Jesús *por* ti deberían transformar toda *tu* vida! La presencia de Dios y la verdad de tu salvación deberían inspirarte a…

- vivir una vida de santidad, luchar por tener una vida apartada para Dios.
- vivir en el temor de Dios, maravillada por el poder y la misericordia de Dios.
- vivir una vida transformada por la gracia de Dios.
- vivir como una prisionera que ha sido puesta en libertad y alaba a su libertador.

De la Palabra de Dios a tu corazón

En la quietud de meditar en la verdad de la Palabra de Dios, pregúntate: "¿Seguiré dándole la espalda a mi antigua manera de vivir? ¿Reconozco seriamente que Dios es un juez y que me juzgará de acuerdo a mis obras? ¿Estoy viviendo en un sano temor reverencial, no como alguien que tiene temor a Dios, sino como alguien que respeta y venera al Creador Todopoderoso?".

Yo sé que no quieres ofender a Dios ni subestimarlo. De modo que sigue examinando tus actitudes y comportamientos. ¿Has cortado con la vida que llevabas antes de conocer a Cristo? ¿Has adoptado nuevos comportamientos; los comportamientos de una persona redimida por la sangre preciosa de Jesús inmaculado? No importa cuán vil sea tu pecado, la magnitud del amor redentor de Dios siempre es más que suficiente. Vive diariamente con esta realidad en mente… y un irresistible amor por Jesús en tu corazón.

Señor, estoy muy agradecida por la dádiva de la salvación y por tu presencia en mi vida cada día. Que mi vida diaria refleje tu presencia y mi gratitud hacia ti. Guárdame de volver a mi pasada manera de vivir. Quiero que mis intenciones y mis acciones siempre sean agradables a ti. Amén.

Busca el bien de otros

Nada hagáis por contienda o por vanagloria; antes bien
con humildad, estimando cada uno a los demás como
superiores a él mismo; no mirando cada uno por lo suyo
propio, sino cada cual también por lo de los otros.

FILIPENSES 2:3-4

Por varios años, la puerta de la oficina de mi esposo en el
Seminario The Master exhibía una caricatura que describía
las expectativas de muchas personas que asisten regularmente
a la iglesia. El predicador de la ilustración se disponía a predicar a su congregación. Aquellos que estaban sentados frente
a él tenían una expresión de expectativa, y sus pensamientos
estaban plasmados dentro de la típica burbuja que salía de la
cabeza de cada uno. Uno a uno, sus pensamientos eran: "¡Ali-
méntame!"; "¡Aliéntame!"; "¡Enséñame!"; "¡Guíame!"; "¡Con-
suélame!"; "¡Disciplíname!"; "¡Susténtame!". Cada persona
presente tenía "necesidades", y cada persona esperaba que su
pastor supliera todas esas necesidades.

El pasaje de hoy arroja luz sobre nuestras "necesidades" y nos
muestra cómo esas necesidades son verdaderamente suplidas.
Cada cristiano ha recibido la consolación de Cristo: el consuelo
del amor, la comunión del Espíritu y el afecto y la misericordia
de Dios. ¡Somos muy amadas! Esto nos permite dejar de buscar
nuestro propio bien y enfocarnos en suplir las necesidades de

otros. Cuando nos preocupamos unos por otros, estamos ayudando a suplir las necesidades del cuerpo de Cristo.

De la Palabra de Dios a tu corazón

Cuando pienso en la "humildad" (v. 3), no puedo dejar de pensar en las flores. Cuanto más maduras están y más grande es su capullo en flor, más inclinan su cabeza. Así que disfruto el exquisito perfume que despide su capullo doblegado. Una imagen muy inspiradora de la humildad.

Si bien podemos desear la exquisita gracia de la humildad, ¿cómo demostramos tal belleza? ¿Cómo podemos desarrollar un corazón humilde? A continuación hay algunas pautas escriturales:

- *Conócete a ti misma*. Hemos sido creadas a la imagen de Dios, pero también somos pecadoras, con la necesidad de una mente renovada para poder pensar de nosotras debidamente.
- *Respeta a otros*. Jesús les dijo a sus discípulos que debían dar más importancia a servir a otros. Él "no vino para ser servido, sino para servir, y para dar su vida en rescate por muchos" (Mr. 10:45). En realidad, como Pablo exhorta, debemos considerar a los demás como mejores que nosotras mismas.
- *Ora fielmente*. Todo en la oración tiene que ver con humillarse; desde su postura hasta sus ruegos. En oración nos inclinamos humildemente delante del Dios Todopoderoso, confesamos nuestros pecados, alabamos a nuestro Padre celestial por todo lo que ha hecho por nosotras, y le pedimos su misericordia sobre nosotras y sobre otros.

☞ *Imita la humildad de Cristo.* Esta, querida mía, es la clave de la humildad que debemos procurar.

No esperes siempre que tu pastor (u otra persona) supla tus necesidades. ¡Mira a Cristo! Él es tu respuesta para todo lo que necesitas. Luego presta atención a las necesidades de otros y sírveles con un corazón humilde y agradecido.

Señor, me inclino ante ti con un corazón y un espíritu humillados. Estoy muy agradecida por la seguridad de tu consuelo y tu cuidado. Descanso en ti. Ayúdame a ver las necesidades de aquellos que me rodean y a servir activamente en el cuerpo de Cristo. Amén.

El amor al dinero

Porque raíz de todos los males es el amor al dinero,
el cual codiciando algunos, se extraviaron de la fe,
y fueron traspasados de muchos dolores.

1 Timoteo 6:10

¡Noticia de último momento! Somos administradoras financieras ya sea que tengamos un trabajo remunerado o no, o estemos casadas o no. Administramos nuestra casa con base en un presupuesto. Ahorramos dinero. Y damos de nuestro dinero a otros. Para sumar a nuestra lista de principios y preceptos referidos a las finanzas, Pablo llega hasta el fondo de la cuestión y habla del "amor al dinero". ¿Has invertido en las siguientes verdades?

Nuestra valía está en Dios. Cuando vivimos una vida piadosa y estamos contentas en nuestra condición de creyentes justificadas, tenemos nuestra ganancia y nuestra valía. Buscar fuentes de riquezas terrenales destruirá los deseos de nuestra vida piadosa. Mantengamos puestos nuestros ojos en aquello donde radica nuestra valía.

El amor al dinero es malo. Algunos tergiversan las palabras de Pablo y dicen: "El dinero es la raíz de todos los males", pero fíjate que Pablo dice que "el *amor* al dinero" es la raíz de todos los males. No hay problema en trabajar por dinero para el sostenimiento de nuestras necesidades. El problema viene con el *deseo* y el amor errados.

La codicia destruye las prioridades divinas. Cuando ansiamos las riquezas, caemos en tentación y deseos orgullosos. La codicia hace que nuestro corazón deje de ser piadoso en busca del beneficio propio. Una persona con un corazón codicioso nunca está satisfecha, porque se extravía de la piedad y el contentamiento de vivir en su valía como hija de Dios.

De la Palabra de Dios a tu corazón

Mira tu corazón. ¿Qué necesitas para estar contenta? ¿Te sientes satisfecha con tener alimentos, ropa y un techo? ¿Deseas más de lo que necesitas cuando compras, recibes, cobras y planificas? Agradece a Dios por su abundante provisión para tus necesidades... tus *verdaderas* necesidades.

La mujer de Proverbios 31 revela un equilibrio divino en el ámbito del dinero. Sus motivos eran *puros*: deseaba ayudar y beneficiar a su familia. Y sus motivos eran *piadosos*: daba de su dinero a los pobres y necesitados, y prestaba servicio a su comunidad.

La mejor manera de guardarse del amor al dinero es ser un alma generosa (Pr. 11:25). ¿Quién necesita hoy de tu dinero? ¿Qué ministerio misionero podría beneficiarse de una contribución tuya? ¿Cómo podría tu iglesia beneficiarse de tu liberalidad? ¿Por qué no hacer una contribución para ayudar a los pobres y necesitados de tu comunidad? Pídele a Dios que te guíe en su hermosa gracia de dar.

Señor, guárdame del amor al dinero. Ayúdame a ser una dadora generosa para tu iglesia y tus hijos cercanos y lejanos. Protégeme del amor al dinero. Descanso en mi valía en ti. Gracias por darme contentamiento. Amén.

Aprende otra manera de vivir

Bienaventurados vosotros los pobres, porque
vuestro es el reino de Dios. Bienaventurados los que
ahora tenéis hambre, porque seréis saciados.

LUCAS 6:20-21

¿Es tu "lista de quehaceres" como la mía... más larga que el día que tengo por delante? ¡Bien, Jesús tiene un mensaje para nosotras! En su perfecta sabiduría, Él nos muestra el valor de la previsión, la oración, la preparación y las prioridades cuando queremos asegurarnos de hacer las cosas realmente importantes.

En el Evangelio de Lucas vemos que el ministerio de Jesús era, según criterios humanos, un éxito: multitudes, seguidores y muchos discípulos fieles. Pero nuestro Señor sabía que le quedaba poco tiempo. En algunos meses estaría yendo a Jerusalén y se enfrentaría a la cruz. ¿Quién seguiría su ministerio cuando Él ya no estuviera? Después de orar toda la noche, Jesús cambió el enfoque de su tiempo y ministerio. Seleccionó a doce hombres para formarlos personalmente; hombres que más adelante serían enviados como sus apóstoles. Tenemos la bendición y la oportunidad de aprender las lecciones que Jesús enseñó a sus nuevos embajadores sobre cómo vivir en el nuevo orden mundial del reino de Dios.

🖋 *Ama a tus enemigos.* "Y como queréis que hagan los hombres con vosotros, así también haced vosotros con ellos" (Lc. 6:31)

🖋 *No juzgues.* "No juzguéis, y no seréis juzgados… perdonad, y seréis perdonados" (v. 37).

🖋 *Una vida se conoce por su fruto.* "El hombre bueno, del buen tesoro de su corazón saca lo bueno" (v. 45).

🖋 *Edifica sobre la verdad.* "Todo aquel que viene a mí, y oye mis palabras y las hace, os indicaré a quién es semejante. Semejante es al hombre que al edificar una casa, cavó y ahondó y puso el fundamento sobre la roca" (vv. 47-48).

De la Palabra de Dios a tu corazón

Si has leído los cuatro Evangelios en el Nuevo Testamento, seguramente conoces el famoso Sermón del Monte que Jesús predicó. De hecho, algunos han preguntado: "¿Son las enseñanzas de Jesús registradas en Lucas 6:20-49 parte de ese entrañable sermón?". Aunque la presentación de Lucas contiene similitudes con el sermón completo registrado en Mateo, capítulos 5-7, también es posible que, como todos los buenos maestros, Jesús hubiera dado enseñanzas parecidas en varias ocasiones.

Pero ya sea que la información de Lucas sea parte de ese conocido sermón o no, lo importante es que los apóstoles eran destinatarios de la enseñanza de Jesús. Jesús estaba preparando a estos hombres para un ministerio mundial. Ellos necesitaban llegar a vislumbrar y entender su propósito para que un día, cuando llegara el momento oportuno, su pasión infundida por el Espíritu Santo los empujara hacia un ministerio valiente y denodado de proclamación de las buenas nuevas del Salvador resucitado. ¿Estás dispuesta a vivir de la manera que Dios quiere? Ora hoy por la visión y las prioridades de Dios para tu vida. ¡Luego vive de esa manera!

Señor, amo tus caminos. Camino en ellos con un corazón agradecido. Te pido que el fruto de mi vida muestre a otros mi pasión por tu verdad y tu propósito. Amén.

El designio de Dios para el matrimonio

Así que, como la iglesia está sujeta a Cristo, así
también las casadas lo estén a sus maridos en todo.
Maridos, amad a vuestras mujeres, así como Cristo
amó a la iglesia, y se entregó a sí mismo por ella.

EFESIOS 5:24-25

El matrimonio no es una invención del hombre. No, fue
idea de Dios. De hecho, el matrimonio fue la primera institu-
ción que Dios estableció después de crear a Adán y Eva. Con
ellos, Él formó el equipo perfecto. Adán y Eva debían ser una
fuerza unida e indivisible. Sin embargo, con la entrada del
pecado al mundo, ese equipo se fracturó cuando cada uno
puso sus intereses personales por encima del matrimonio.

Cuando en la carta a los efesios Pablo expuso la importancia de
ser llenos del Espíritu Santo en la relación matrimonial, dicha idea
fue revolucionaria… ¡y todavía sigue siendo revolucionaria! La
Palabra de Dios da consejos radicales que pueden obrar milagros.

☞ *Que la esposa se sujete a su esposo.* Hemos sido llamadas a seguir —sujetarnos y respetar— a nuestro esposo.
Como cristianos debemos someternos voluntariamente
unos a otros como Dios manda… no que cada uno
someta al otro.

☞ *Que el esposo se sujete al ejemplo de Cristo.* Nuestro esposo
debe amarnos de la misma manera que Cristo ama a

su Iglesia. Un matrimonio con este amor incondicional experimenta la profundidad de la gracia y la misericordia.

🗶 *Que todos se sujeten unos a otros.* Un matrimonio piadoso nos brinda un ejemplo influyente y práctico de cómo respetar y servir a todos los que nos rodean.

De la Palabra de Dios a tu corazón

El matrimonio a menudo se describe como la unión de dos pecadores egoístas. ¡Allí yace el problema! El plan de Dios no fue que la relación matrimonial fuese de esa manera. La caída del hombre en pecado afectó a todas las cosas y a todas las relaciones, incluido el matrimonio. Esta es una verdadera ilustración del paraíso perdido. Pero Dios ha provisto una solución para las dificultades en el matrimonio: Jesucristo. ¡Qué bueno, recuperamos el paraíso!

Tú no puedes hacer que tu esposo te ame, pero puedes hacer tu parte en amar a tu esposo según el patrón bíblico de sujeción y respeto. La próxima vez que tu naturaleza pecadora te induzca a no respetar a tu esposo, piensa en tu Señor. Jesús se sometió voluntariamente a la voluntad del Padre como producto de su amor por el Padre. Dios te está pidiendo que respetes y te sujetes a tu esposo por amor y respeto a Él. Si obedeces el plan de Dios y sigues el ejemplo de Cristo, estarás siguiendo el diseño de Dios para tu matrimonio. ¡Y es un diseño perfecto!

Señor, ayúdame a alinearme bajo tu autoridad para que mi matrimonio pueda ser todo lo que tú has designado que sea. Gracias, Jesús, por darme tu ejemplo de amor y respeto para poder disfrutar las bondades de una relación saludable. Amén.

Ámense los unos a los otros

Habiendo purificado vuestras almas por la
obediencia a la verdad, mediante el Espíritu,
para el amor fraternal no fingido, amaos unos a
otros entrañablemente, de corazón puro.

1 PEDRO 1:22

¿Cómo crece el jardín de tu vida? ¿Produce el fruto del Espíritu detallado en Gálatas 5:22-23? Dios hace crecer estas nueve cualidades —amor, gozo, paz, paciencia, benignidad, bondad, fe, mansedumbre, templanza— en nuestra vida cuando habitamos en Él y caminamos con Él por su Espíritu.

¿Y cuál es la primera cualidad que la vida en Cristo debería manifestar en nosotros? El *amor*. Tu salvación en Cristo primero deja una marca transformadora en tu manera de vivir, y luego produce un gran cambio en tu relación con otros. ¿Cómo? Por medio del *amor*. ¿Y cómo debemos amar a las personas?

Con amor no fingido. No solo debemos expresar el amor de manera verbal y efusiva, sino que debemos amarnos sinceramente. Como el apóstol Juan escribió: "no amemos de palabra ni de lengua, sino de hecho y en verdad" (1 Jn. 3:18). El amor no fingido no guarda rencor. El amor no fingido no pregunta ni espera nada a cambio. ¿Eres a veces no tan sincera al amar?

Entrañablemente. Debemos amar intensamente con un amor esforzado al máximo. Nuestro amor no debe tener límites. No debemos retener nada. Este no es un tipo de amor tibio y dudoso. Es un amor total, inmensurable. ¿Amas con deleite?

De corazón puro. Un amor intenso y profundo proviene *del* corazón y se manifiesta *con* el corazón. Debemos amarnos unos a otros con todo nuestro corazón y con todas nuestras fuerzas. Sí, en verdad el amor es un asunto del corazón. ¿Cuál es la medida de tu amor?

De la Palabra de Dios a tu corazón

Es fácil ver que la clase de amor que Dios nos llama a mostrar —sincero, ferviente y efusivo— nos costará mucho y nos requerirá mucho esfuerzo, ¿verdad? Incluso podría llegar a incluir sufrimiento. Y si eso sucede, debemos revestirnos del espíritu afable y apacible de Dios para soportar cualquier maltrato e incluso dar amor a cambio. Recuerda que el espíritu afable no causa perturbación… y no reacciona a la perturbación que otros causan. En cambio, amamos —fervientemente, sinceramente y con todo el corazón— incluso a aquellos que nos hacen sufrir. Como dijo una persona: "Cada vez que encontramos amor, encontramos abnegación".

Este mensaje de Dios con respecto a tu vida de amor es transformador… ¡y retador! ¡Pero puedes lograrlo! Ama a otros con el amor que Dios te dio. El amor que Dios te mostró cuando eras una mala y vil pecadora, muéstralo a otros, incluso a esas personas malas y viles. Es fácil hablar de cuánto amas a Dios, pero amar a otros revela cuánto amas en verdad. Es una manifestación sobrenatural de Dios en ti. Donde reside el amor, habita Dios.

Dios, dame tu corazón para amar a otros con amor no fingido, entrañable y de corazón puro. Amén.

Planifica con sabiduría

En lugar de lo cual deberíais decir: Si el Señor quiere,
viviremos y haremos esto o aquello.

SANTIAGO 4:15

¿Eres planificadora? ¿Tienes un sistema de planificación
de tu vida para organizar tu tiempo, de tal manera que puedas cumplir con tus obligaciones... y quizá un poco más?
La mayoría de las mujeres que conozco tienen una agenda
para organizar sus tareas, funciones y responsabilidades como
mujeres ocupadas en servir a otros y cumplir con sus trabajos.
Yo misma tengo una agenda (¡en realidad, más de una!) para
cada día, mi familia, mi hogar, mis proyectos, mis relaciones
y mi ministerio.

Cualquiera que sea el sistema que usemos, es importante que
hagamos nuestra organización y planificación con *estilo divino*.
¿Cómo eres tú en lo que respecta a incluir a Dios en tus sesiones
de planificación? ¿Oras por tu planificación? Cuando hablas del
futuro, incluso de la próxima hora, ¿antepones a tus pensamientos
y palabras "si el Señor quiere" o "Dios mediante"? Estoy segura
de que no quieres cometer un pecado de omisión: no incluir a
Dios en tu planificación.

Deberíamos tener cuidado de no violar dos condiciones en nuestras decisiones y planificación. La primera es no tener en cuenta que somos seres humanos finitos. Seamos sinceras: nuestro conocimiento es limitado. No tenemos manera de saber qué nos espera en el futuro. La segunda es no considerar la incertidumbre de la vida, la cual Santiago describe como una neblina (Stg. 4:14)

¿Cuál es el patrón de tu vida? ¿Eres una "hacedora de la Palabra"? Cuando encuentras un nuevo consejo del Señor, ¿reaccionas inmediatamente asegurándote de incorporar a tu vida lo que acabas de aprender acerca de la voluntad de Dios? ¿O esperas enredada en tus pecados favoritos hasta que renuncias a ellos y haces lo correcto? Como señaló la escritora Elisabeth Elliot: "La obediencia que se demora es desobediencia".

Como una mujer conforme al corazón de Dios, que desea crecer en sabiduría y planificar sabiamente, sigue estos principios básicos:

- Reconoce que solo Dios conoce tu futuro.
- Reconoce que Dios tiene un propósito para tu vida.
- Reconoce que Dios podría enviar interrupciones a tus días "perfectos".
- Recuerda orar por tus planes y pedir la dirección de Dios.
- Recuerda decir: "Si el Señor quiere…".

Ser una buena administradora de tu tiempo es importante. Y puesto que no sabes qué te espera en el futuro, sé flexible y dispuesta a lo que Dios tiene en mente. ¡Aunque no conoces el futuro, conoces a Aquel que maneja el pasado, el presente y el futuro! Pregúntale a Dios: "¿Qué sigue ahora?".

Dios, tú eres Aquel que sabe lo que me espera en el futuro. Ayúdame a planificar cada día y cada semana con sabiduría. Ayúdame a aprovechar al máximo cada día, guíame y recuérdame que debo estar dispuesta a cualquier cambio inesperado que puedas traer a mi vida. Amén.

Ora por tus semejantes

Y esto pido en oración, que vuestro amor abunde aun más y más en ciencia y en todo conocimiento, para que aprobéis lo mejor, a fin de que seáis sinceros e irreprensibles para el día de Cristo, llenos de frutos de justicia que son por medio de Jesucristo, para gloria y alabanza de Dios.

FILIPENSES 1:9-11

Cada cristiano ora por aquellos que ama y le interesan. Sin embargo, es fácil caer en el patrón de orar por cosas temporales de las vidas de aquellos que apreciamos. No hace falta pensar mucho para pedirle a Dios que bendiga a otros financieramente o que resuelva sus preocupaciones de salud. Nosotros también podemos caer rápidamente en la rutina de orar por familiares y amigos que buscan un lugar para vivir, necesitan elegir una universidad o buscan empleo. Después, están nuestras oraciones habituales por las pequeñas cosas de la vida diaria: un lugar para estacionar, una compra a buen precio, que nuestros hijos duerman una buena siesta, un día más de seguridad.

Pablo, siervo fiel de Dios, nos muestra una mejor manera de orar por aquellos que conocemos y amamos. Está lejos de poder decirse que es una "oración infantil": una oración por salud, prosperidad y felicidad. Pablo hace una "oración adulta" por sus amados amigos: una oración por conocimiento y discernimiento espiritual, sinceridad e integridad, aceptación de lo que es piadoso y santo, y vidas llenas de rectitud. Y a propósito, no solo debes pedir estas cosas cuando oras por otros. También debes hacer este tipo de oración madura cuando oras por ti.

De la Palabra de Dios a tu corazón

Y esto oro por ti y por mí, querida amiga y hermana en Cristo:

- 🐦 Oro para que aprendamos la disciplina de elevar nuestros pensamientos y nuestras oraciones, nuestro enfoque y nuestras vidas al cielo, a lo alto, muy por encima y más allá de lo rutinario y banal.
- 🐦 Oro para que seamos mujeres de oración más fuertes; que persistamos en la oración de manera regular, diaria, en quietud y en el secreto.
- 🐦 Oro para que otros sean animados al saber que estamos orando por ellos… y al saber *qué* estamos pidiendo para ellos.
- 🐦 Oro para que oremos como Pabló, con las palabras dulces pero llenas de sabiduría que se encuentran en Filipenses 1:9-11 como nuestra guía al orar por otros.
- 🐦 Oro para que nuestra vida le dé toda la gloria y la alabanza a Dios, nuestro Padre, y a nuestro Señor Jesucristo; que nuestra vida sea llena de frutos de justicia.
- 🐦 Oro para que el fruto de nuestra vida sea abundante y desborde, bendiciendo a otros y reflexionando en nuestro Salvador.

Dios, desvía mi enfoque de las cosas temporales. Dame visión por las cosas que son eternas y de importancia espiritual. Y te pido que me ayudes a ser sincera y fiel al orar por otros. Amén.

Ten cuidado con los falsos maestros

De las cuales cosas desviándose algunos, se apartaron
a vana palabrería, queriendo ser doctores de la ley, sin
entender ni lo que hablan ni lo que afirman.

1 Timoteo 1:6-7

Una de mis descripciones e ilustraciones favoritas de la
mujer de Proverbios 31 es que está *atenta* a su familia y a su
hogar: "Está atenta a la marcha de su hogar" (v. 27, NVI).
Como esposas, madres y amas de casa, cumplimos diferentes
roles al realizar las tareas del hogar. Y no hay duda de que
una de las tareas más importantes es la de "guardiana". Así
como las murallas de las ciudades antiguas estaban cubiertas
de guardianes que vigilaban la ciudad veinticuatro horas al día
contra los ataques del enemigo, nosotras también guardamos
fiel y atentamente a nuestros hijos de las influencias que son
nocivas y damos una señal de alerta a nuestro esposo cuando
sentimos que nuestra familia está bajo amenaza.

Pablo también estaba atento. Él vigilaba y animaba a aquellos que asistían a las iglesias bajo su cargo. De hecho, cuando
enumeró sus sufrimientos por causa de Cristo, terminó su lista
diciendo: "y además de otras cosas, lo que sobre mí se agolpa cada
día, la preocupación por todas las iglesias" (2 Co. 11:28). Él se
preocupaba por los falsos maestros que promovían la impiedad.

¿A qué debemos estar atentas cuando oramos contra las
influencias impías que podrían arrojar tinieblas sobre nuestra

familia, nuestros hijos y nuestro corazón? Presta atención a tres destellos de luz que son resultado de enseñanzas bíblicas sanas:

- ☞ *Edificación divina*: La enseñanza sana lleva a cabo el plan de Dios (1 Ti 1:4).
- ☞ *Buenos frutos*: La enseñanza sana viene del corazón no fingido de un maestro (v. 5).
- ☞ *El glorioso evangelio*: La enseñanza sana muestra la gloria de Dios (v. 11).

Tú eres esta mujer; aquella que está atenta a su hogar y a su familia con un corazón piadoso.

De la Palabra de Dios a tu corazón

¿No quieres aprender y crecer para poder entender mejor las doctrinas de la fe cristiana, para que puedas enseñarlas a tus hijos y ayudar a otros? Puedes comenzar por estudiar la Biblia, asistir a clases de estudio bíblico y memorizar las Escrituras. Cuanto más conocimiento tengas, más eficaz será tu protección sobre tus seres amados. ¿Cómo puedes evitar caer en el engaño de las falsas enseñanzas? Respuesta: ¡Conociendo más la verdad! Estas son cinco características de la mujer guardiana de su familia:

- ☞ Desea estar con el pueblo de Dios.
- ☞ Pide a Dios discernimiento.
- ☞ Acepta la Palabra de Dios.
- ☞ Elige cuidadosamente una iglesia con enseñanza bíblica.
- ☞ Escucha las advertencias de las Escrituras.

Mantente atenta a tu salud espiritual para que puedas ayudar a tu familia y tus amigos a distinguir la luz de las tinieblas.

Señor, soy propensa a enfocar mi atención solo a las necesidades y tareas diarias. Pablo me recuerda que debo observar el horizonte y prestar atención a las influencias que rodean mi vida y la vida de mi familia. Dame un corazón con discernimiento para que pueda estar atenta a aquellos que enseñan tu luz y evitar a aquellos que no lo hacen. Amén.

Vive sabiamente

Por tanto, no seáis insensatos, sino entendidos
de cuál sea la voluntad del Señor.
EFESIOS 5:17

"¡Pide un deseo!". ¿Cuántas veces has dicho o escuchado decir eso en tu cumpleaños o en el cumpleaños de tus hijos antes de soplar las velitas del pastel? Dios, básicamente, le dijo algo parecido al rey Salomón hace miles de años. De hecho, Dios le dijo a Salomón que podía pedir cualquier cosa. *¡Cualquier cosa!* Así es. Vamos a ver... qué me dices de un auto nuevo, una casa nueva, ropa nueva... Probablemente ya conoces esta historia que se encuentra en 1 Reyes 3. ¿Qué pidió Salomón? ¡Sabiduría! Pidió un "corazón entendido para juzgar a tu pueblo, y para discernir entre lo bueno y lo malo" (v. 9). La próxima vez que ores o "pidas un deseo" (por decirlo de alguna manera), sigue el ejemplo de Salomón. No malgastes tu aliento en deseos y necesidades físicas o terrenales. En cambio, opta por algo mejor y superior a todo: la sabiduría.

Como una creyente impregnada de la luz de Cristo, tú tienes su sabiduría y su prudencia. De modo que la pregunta no es: "¿Tengo sabiduría?", sino: "¿Cómo empleo la sabiduría y la prudencia que he recibido?". ¿Tienes estos atributos en tu vida?

La sabiduría camina con cuidado. ¿Eres meticulosamente cuidadosa con la vida que llevas? Mantén tu mente en la Palabra de Dios y ten cuidado con tu estilo de vida para que puedas caminar con Dios.

La sabiduría evalúa su tiempo. El tiempo que tienes en esta vida es muy breve. No permitas que la ociosidad te lo robe. En cambio, aprovecha cada minuto en pos de la eternidad.

La sabiduría sigue una norma. Las normas de Dios están reveladas en su Palabra. ¿No es emocionante descubrir el plan de Dios para tu vida cuando estudias su Palabra, oras por sabiduría y vives sabiamente?

La sabiduría vive bajo el control de Dios. Tú no tienes que vivir bajo el "control" del alcohol, el sexo, el poder o los demás ofrecimientos de este mundo. La vida sabia viene de ser llena del Espíritu de Dios y controlada por Él. Pídele que Él sea tu fuente de contentamiento, entusiasmo y consuelo. Y permítele guiarte cada día.

De la Palabra de Dios a tu corazón

El plan y el consejo sabio de Dios más importantes para ti son ser llena del Espíritu Santo (Ef. 5:18). Pablo no se está refiriendo aquí al momento de la salvación cuando el Espíritu Santo viene a morar en ti. Está ordenando a los creyentes que vivan continuamente bajo la influencia del Espíritu Santo. Nos está encomendando (a ti y a mí) caminar en sabiduría y vivir en todo momento bajo el control y la dirección del Espíritu Santo. Esto producirá un gran cambio en tu corazón, tu conducta, tus prioridades y en la manera de usar tu tiempo.

Señor, confieso que estoy bajo la influencia del Espíritu Santo. Estoy viviendo en tu sabiduría y descubriendo el gozo de ser obediente y fiel. Ya no me apoyo en lo que este mundo ofrece para saber qué es lo mejor o lo correcto. Conozco la verdad porque está en tu Palabra y en mi corazón. Amén.

Cuando sufres por hacer lo bueno

Pues ¿qué gloria es, si pecando sois abofeteados, y lo
soportáis? Mas si haciendo lo bueno sufrís, y lo soportáis,
esto ciertamente es aprobado delante de Dios.

1 PEDRO 2:20

En tiempos de Pedro, la esclavitud era una forma de vida.
Probablemente un buen número de creyentes en Jesús traba-
jaban para paganos como esclavos o siervos. Muchos de los
creyentes de la iglesia primitiva, que escucharon la lectura de
la carta de Pedro, eran esclavos; algunos, de amos buenos y
considerados, y otros, de amos severos y crueles. Esta era la
situación de la época y la estructura social de ese tiempo. Ser
un siervo o un esclavo requería tener un espíritu enseñable, ser
humilde y mostrar deferencia.

Las instrucciones de Pedro nos muestran que fuimos llamadas
a ser semejantes a Cristo en cada situación y en cada relación.
Esto también requiere un espíritu afable y apacible. Pedro tiene
mucho que enseñarnos en cuanto a nuestra necesidad de desarrollar afabilidad para no causar perturbación, y tranquilidad de
corazón para no responder a la perturbación que otros causan.

Aunque no somos esclavas… y la mayoría de empleadores no
es nuestro amo, a menudo tener un empleo requiere los mismos
atributos… o al menos, recompensa esos atributos. ¿Cómo han
sido tus experiencias laborales? Si tienes un empleo remunerado o
si tuviste uno en el pasado, ¿has tenido la bendición de contar con

empleadores buenos? ¿O tal vez has probado la copa de la crueldad y la mezquindad? ¿Has tenido que soportar a algún compañero difícil o molesto en tu trabajo? Nuestra tendencia natural es resistirnos al trato injusto e irracional. Pedro nos recuerda que cuando sufrimos por hacer lo bueno, es loable delante de Dios. Si estás soportando dolor por hacer lo bueno, ¡no es en vano!

De la Palabra de Dios a tu corazón

Ya sea que trabajemos para un individuo o una compañía, necesitamos obedecer las directivas de nuestros empleadores. Pero si nos piden que transgredamos la Palabra de Dios, tenemos la libertad de decir no y cambiar de empleo. Hay...

- una manera correcta de responder a nuestros jefes y supervisores: someternos a ellos.
- un motivo correcto para la sumisión: la alabanza de Dios.
- una actitud correcta hacia aquellos que están "sobre" nosotras: respeto.
- una razón correcta para sufrir por hacer lo bueno: ser como Jesús.
- una manera correcta para soportar el sufrimiento: pacientemente.

Estas actitudes "correctas" excluyen muchos errores, incluidos la rebelión, el enojo, una mala actitud, la animosidad, la ambición, el desdén, el descontento, el orgullo, la murmuración, el descrédito, la desidia, las palabrerías y la venganza. ¡Y estoy segura de que podrías sumar más cosas a la lista!

Señor, me esfuerzo por hacer lo correcto en mi situación laboral. Y trabajo duro para prosperar y agradar a mi empleador. Pero más que nada quiero que mi trabajo y esfuerzo te honren a ti. Ayúdame a ver mis actitudes negativas y qué cosas necesito cambiar. Quiero ser una sierva que se someta voluntariamente a ti. Oro para que, a la larga, mi disposición a seguir tus instrucciones pueda llevar a otros a ti. Amén.

Recibe la recompensa de Dios

Porque los que ejerzan bien el diaconado,
ganan para sí un grado honroso, y mucha
confianza en la fe que es en Cristo Jesús.
1 TIMOTEO 3:13

¿No es maravilloso sentir orgullo por alguien que amas? Yo he vivido uno de esos momentos especiales. Después de haber servido fielmente como oficial farmacéutico de la reserva militar de los Estados Unidos por más de veinte años, mi esposo Jim se jubiló. Según la costumbre militar convencional, invitaron a toda la familia a su ceremonia de retiro. Yo estaba maravillada de la formalidad de la ceremonia, de la gran orquesta militar y del helicóptero del general de dos estrellas que había aterrizado sobre el campo con las medallas y los certificados firmados por el presidente de los Estados Unidos para condecorar a los que estaban siendo honrados. ¡Qué celebración!

Jim recibió el honor de esta condecoración por una cosa: su servicio fiel. Aunque recibir premios y recompensas nunca debería ser el motivo de nuestra fidelidad, los líderes de la iglesia también pueden y deberían recibir reconocimiento por su fiel servicio. Como pone de manifiesto el libro de Timoteo, un líder de carácter piadoso recibe dos recompensas:

🍃 *Recompensa 1: Una buena posición.* Esto habla del respeto de la comunidad y una reputación firme y positiva.

☞ *Recompensa 2: Gran denuedo en la fe.* Cuando un líder cumple fielmente con sus obligaciones y lucha constantemente para cumplir con los requisitos de un diácono, tendrá la integridad personal de hablar denodadamente —¡y brillantemente!— como un representante de Jesucristo a los perdidos.

Pablo dice que el servicio fiel redundará en la recompensa del reconocimiento de la iglesia y la comunidad, de los creyentes e incrédulos. El carácter fiel de un siervo proporciona una plataforma para testificar de su fe con denuedo. ¿Deseas que esta recompensa, esta oportunidad, conduzca a otros a Cristo?

De la Palabra de Dios a tu corazón

La fidelidad es un llamado supremo. Tú y yo queremos ser fieles para poder agradar y honrar a nuestro Señor Jesús. No buscamos reconocimiento, pero tenemos recompensas si nos va bien en nuestro campo de servicio. La fidelidad no es un acto heroico, sino una especie de compromiso diario de servicio. Por tanto, llevemos a cabo la tarea diaria de servir a otros de manera discreta… y fiel… en nuestro rol de esposa, madre, hija, tía, mentora y mujer de Dios

¿En qué áreas de tu vida quieres aspirar a un mayor servicio y fidelidad? ¿Dependes de la fortaleza de Dios para cumplir con las responsabilidades vitales que Él te ha dado? Tu devoción beneficiará a otros y será un faro de luz en un mundo en tinieblas. Y te rendirá abundantes recompensas.

Dios, confieso que me esforzaré por ser fiel y servirte en tu nombre con honor e integridad. Ayúdame a ser una de tus luces para este mundo. Amén.

El comienzo en el ministerio

Y cuando tuvo [Jesús] doce años... se quedó
el niño Jesús en Jerusalén... en el templo,
sentado en medio de los doctores de la ley.

LUCAS 2:42-43, 46

Jesús mismo al comenzar su ministerio
era como de treinta años.

LUCAS 3:23

Se dice que "el éxito es cuando preparación y oportunidad
se encuentran". La preparación nos da la capacidad de aprovechar las oportunidades como vienen. Eso es lo que pasó en
mi vida ministerial. Durante los años que pasé en privado en
mi hogar —años de ministerio dedicado a criar a mis hijos,
apoyar a mi esposo en sus ocupaciones como pastor y en la
organización de una casa concurrida— estudié la Biblia y bus-
qué el crecimiento en mi vida cristiana. Más adelante, un día,
cuando mis hijos crecieron, se presentó otro tipo de oportunidad. Nuestra iglesia necesitaba una mujer que enseñara en un
ministerio femenino recientemente formado. Dado que había
pasado todos esos años en preparación, entre titubeos me ofrecí
voluntariamente a servir... y en el tiempo de Dios y con su
abundante gracia, nació mi ministerio público. Ese ministerio
de enseñanza finalmente se desarrolló hasta que llegó a ser un
ministerio de conferencias y obras escritas.

En el capítulo 3 de Lucas, descubrimos que Juan el Bautista y Jesús pasaron casi treinta años preparándose para los días cuando comenzaran su ministerio. Durante ese tiempo estaban viviendo activamente en la voluntad de Dios. Su preparación estaba cumpliendo la profecía y el plan de Dios para la salvación de la humanidad. De su ejemplo aprendemos que si deseamos ministrar a otros, necesitamos empezar con preparación... y luego esperar a que Dios nos dé oportunidades.

De la Palabra de Dios a tu corazón

Aun a las más pacientes de nosotras no nos gusta esperar mucho. Pero cuando consideramos que nuestro tiempo de espera es también un tiempo de preparación, eso cambia nuestra perspectiva.

Cuando Juan el Bautista bautizó a Jesús, era el tiempo perfecto de Dios para que la preparación de Jesús se convirtiera en un ministerio en acción. Como sabemos, no es que Jesús esperó o que se contuvo hasta los 30 años para bendecir y servir a otros, sino que fue en ese momento cuando comenzó su ministerio oficial.

Lamentablemente, muchos cristianos nunca comienzan a prepararse para ministrar al cuerpo de Cristo. Vivir con pasión y propósito implica aprovechar cada día activamente para ayudar a otros *y* prepararnos para cosas mayores. Estamos invirtiendo tiempo en preparación a fin de estar listas para cuando encontremos más oportunidades de servir al Señor.

¿Te estás preparando para el ministerio en este momento? ¿Estás ayudando activamente a otros? ¿Qué puedes hacer para seguir preparándote para servir más al Señor y a aquellos que te rodean?

Señor, te pido que pueda caminar cada día en tu voluntad. Que siempre esté trabajando activamente en el ministerio. Ayúdame a descubrir la manera de poder prepararme para que pueda servirte mejor a ti y a tu pueblo. Guíame, dirígeme... y contenta te seguiré. Amén.

Jesús derribó las barreras

Porque él [Jesús] es nuestra paz, que de ambos pueblos
hizo uno, derribando la pared intermedia de separación.

Efesios 2:14

La paz es algo que no solo queremos, sino que necesitamos. Buscamos paz, marchamos por la paz, oramos por la paz, incluso vamos a la guerra por la paz. Sin embargo, Jesucristo es el único camino hacia la verdadera paz y la única fuente de verdadera paz para cada persona. Y Cristo es también el camino y la fuente de paz entre todos los creyentes en el cuerpo de Cristo. Cada cristiano viene de diferente trasfondo, formación, linaje y entorno. En Cristo estamos unidos.

Antes de la venida de Jesús, los judíos y los gentiles estaban distanciados. Sin embargo, en la gracia, Cristo ofreció su salvación a ambos. No obstante, todavía existen barreras entre los dos grupos. Por ejemplo, en el templo judío había un muro que separaba a los judíos de los gentiles cuando adoraban. Espiritualmente, Cristo abolió ese muro físico en el templo y en todos los lugares de adoración.

Solo Cristo pudo, puede y está derribando todo muro de división. Y solo Cristo pudo, puede y está reconciliando a los creyentes con Dios y los está uniendo en un cuerpo. Pídele a Cristo que remueva todas las barreras que afectan negativamente a tu perspectiva, tu opinión y respeto por otros cristianos, independientemente de la raza, patrimonio, posición social, lazos familiares, etc. Piensa qué situaciones te están robando la paz de Dios y la unidad con otros creyentes. Entrega esas situaciones a Dios en oración. Haz de la paz de Cristo el fundamento de todos tus pensamientos, tus palabras y tus acciones hacia otros.

De la Palabra de Dios a tu corazón

Jim y yo tenemos unos vecinos increíbles: una pareja en la que ambos prestan servicio militar al ejército de los Estados Unidos. Hace algunos años, uno fue movilizado a Irak y el otro a Afganistán, con la meta de lograr la paz en esos países. Cuando sus viajes de servicio finalizaron, en vez de regresar al hogar, cada una de sus unidades siguió movilizada porque no se había logrado la meta de la paz. La paz todavía no es una realidad.

La historia revela que la mayoría de las misiones humanas de paz fracasan. Pero la paz que logró la sangre de Cristo es real y eterna. Espero que hayas comprendido la paz que nuestro Salvador logró entre tú y Dios, y entre tú y todos los creyentes.

¿Qué brota de tu corazón y de tu alma al recordar el momento en que se derribaron las barreras entre tú y Dios? Como Pablo señaló, una vez tú estabas lejos del Padre, pero ahora puedes estar cerca. Y lo mismo es cierto de todos aquellos que forman parte del cuerpo de Cristo. Mi amiga, el abrazo del Padre nos abarca a todos.

Señor, tú derribaste las barreras que me separaban de ti y de todos los que creen en ti. Gracias por darme una manera clara de llegar a la paz a través de ti. Tú eres mi luz. Amén.

Conquista mediante la persistencia

Hermanos, yo mismo no pretendo haberlo ya alcanzado; pero una cosa hago: olvidando ciertamente lo que queda atrás, y extendiéndome a lo que está delante, prosigo a la meta, al premio del supremo llamamiento de Dios en Cristo Jesús.

FILIPENSES 3:13-14

Uno de mis versículos favoritos es 2 Corintios 5:17: "De modo que si alguno está en Cristo, nueva criatura es; las cosas viejas pasaron; he aquí todas son hechas nuevas". Es muy reconfortante saber que la gracia de Dios borra mis pecados y mis errores del pasado. ¡Qué emocionante es saber que como cristianos somos nuevas criaturas en Cristo! Pero esto no significa haber alcanzado la perfección espiritual. Debemos seguir avanzando, como aquellos que corren en una carrera: la carrera de la vida y la fe. Necesitamos concentrar nuestras energías en seguir adelante. ¿Qué necesita el que corre?

- *Obliteración mental.* Los que corren nunca miran atrás. Se olvidan de la parte del trayecto que ya recorrieron y se enfocan en lo que está delante.
- *Avance constante.* Los que corren esfuerzan cada nervio y cada músculo para seguir moviéndose con toda su fuerza hacia la meta. Están pensando: *¡quiero ganar!*
- *Una meta en mente.* Los ojos de los que corren están siempre puestos en la línea de meta.

Si tu corazón y tus pies tratan de seguir adelante pero tu mente y tus ojos se enfocan en el pasado, nunca vas a llegar a tu destino. "[Despójate] de todo peso y del pecado que [te] asedia, y [corre] con paciencia la carrera que [tienes] por delante" (He. 12:1).

De la Palabra de Dios a tu corazón

"Pero una cosa hago...". ¿Cómo terminarías esta declaración? El famoso predicador D. L. Moody escribió estas palabras de un erudito llamado Gannett en el margen de su Biblia junto a Filipenses 3:13: "Los hombres se pueden clasificar en dos categorías: aquellos que tienen 'una cosa' y aquellos que no tienen 'nada' que hacer; aquellos que tienen un objetivo en la vida y aquellos que no tienen ninguno... El objetivo en la vida es como la columna vertebral para el cuerpo: sin ella somos invertebrados".

¡Qué espantoso sería ser "invertebrados" —débiles, blandos, sin carácter— especialmente en la vida cristiana. Pero gracias a Dios por estos versículos valiosos e instructivos sobre el proceso por medio del cual tú y yo podemos conocer y alcanzar esa "cosa": ganar el gran premio de la carrera cristiana.

¿Te estás negando a mirar atrás? ¿Sigues avanzando y esforzándote por alcanzar lo que está adelante sin dudar en tu fe? ¿Estás mirando el premio del supremo llamamiento de Dios en Cristo Jesús? ¡Que puedas seguir adelante fielmente y terminar bien la carrera!

Señor, me seguiré esforzando sin tregua por cumplir con el llamado que me has hecho. No voltearé a ver mis deslices y errores del pasado. En cambio, seguiré mirando adelante, hacia mi crecimiento espiritual, una mayor dependencia de ti y el premio del propósito en ti. Amén.

Vive en paz

Saludaos unos a otros con ósculo de amor. Paz sea con todos vosotros los que estáis en Jesucristo. Amén.

1 Pedro 5:14

Como escritora, sé que los finales son difíciles. Siempre espero dejar al lector algún tipo de sentimiento positivo sobre su vida, su futuro, el mensaje de Dios y Dios mismo; sin embargo, también espero motivarlo a actuar conforme a las verdades que acaba de aprender. Pedro se enfrentó a este mismo dilema cuando se vio obligado a terminar su carta.

Es probable que Pedro ni siquiera hubiera conocido a las personas que leerían su carta... y que nunca las llegaría a conocer. Pero les escribió porque conocía sus luchas y, en el fondo, era todo un pastor. Y el contenido de su carta, sufrir por hacer lo bueno, sin duda era algo que conocía demasiado bien. Él había sido testigo de los sufrimientos de su amigo y Salvador. Había conocido toda la persecución, las multitudes, los contenciosos gobernantes, las filas de los soldados armados, el juicio cruel, la cruz.

Después de escribir una carta, que fue en gran parte sobre el sufrimiento y la perseverancia, eligió muy bien sus palabras finales. Vuelve a leer el versículo de hoy. Estas son palabras de unidad, amor y paz escritas cuidadosamente hace muchos años; y sin embargo, muy poderosas para el camino de la fe en el presente.

He aprendido que hay dos tipos de paz necesarios para cada faceta de la vida, ambas provienen de Dios y las podemos disfrutar a través de Él: la *paz personal* y la *paz interpersonal*. Todas pasamos por situaciones donde hay discordia y rencores con otros. Y puede ser muy fácil sucumbir a nuestras emociones negativas y participar activamente en el conflicto. ¡Gracias a Dios por darnos su paz —*nuestra capacidad de promover la paz personal*— a través de su Espíritu Santo! Dios nos ayudará a honrarle en nuestras respuestas: "La blanda respuesta quita la ira; mas la palabra áspera hace subir el furor" (Pr. 15:1).

Y después está la faceta de la *paz personal*, que es indispensable para afrontar el terror, el temor, el pánico, el pavor, la duda y la intranquilidad. Para estos problemas y tormentos profundos, Pedro incluye esta poderosa palabra de recordatorio: *Paz*. ¿Cómo puedes buscar y asegurar la paz de Dios en tu vida diaria?

- Toma tu tendencia al *pánico*… y en cambio descansa en la *presencia* de Dios.
- Toma tu tendencia al *terror*… y en cambio *confía* en la sabiduría y los caminos de Dios.
- Toma tu tendencia al *pavor*… y en cambio acepta el *trato* de Dios.
- Toma tu tendencia a la *intranquilidad*… y en cambio *conoce* que Dios está en control.

Pedro estaba con el Señor cuando Él dijo: "La paz os dejo, mi paz os doy; yo no os la doy como el mundo la da. No se turbe vuestro corazón, ni tenga miedo" (Jn. 14:27). Y ahora Pedro nos transmite a nosotros la misma esencia de las palabras personales que Jesús dio a Pedro y a los otros discípulos para lo que iban a afrontar: "Paz sea con todos vosotros los que estáis en Jesucristo. Amén".

Señor, gracias por tu paz, porque en medio de los conflictos con otros o las pruebas que afligen mi corazón, tu paz es suficiente y siempre está presente. Ayúdame a buscarte con todo mi corazón y lléname una y otra vez con tu dulce y apacible paz. Amén.

El cuidado de las viudas

Honra a las viudas que en verdad lo son. Pero si alguna viuda
tiene hijos, o nietos, aprendan éstos primero a ser piadosos para
con su propia familia, y a recompensar a sus padres; porque
esto es lo bueno y agradable delante de Dios... porque si
alguno no provee para los suyos, y mayormente para los de su
casa, ha negado la fe, y es peor que un incrédulo.
1 Timoteo 5:3-4, 8

La idea de ser viuda no es agradable. Pero según las estadís-
ticas de los seguros de vida, la mayoría de las mujeres casadas
vivirá más que su marido. Las viudas no solo se enfrentan a la
pérdida emocional de su pareja, sino que muchas de ellas además se enfrentan a la carga de una importante pérdida financiera. En el año 63 d.C., cuando Timoteo era pastor, las viudas
no contaban con los beneficios sociales actuales, tales como el
seguro social o los planes de jubilación. Estaban totalmente a
la merced de otros. Muchas iban a la iglesia en busca de ayuda,
y la iglesia estaba teniendo dificultades para llevar la carga. De
modo que Pablo aclara quién debería cuidar de las viudas. Este
es un mensaje para todas nosotras.

Si bien la propia familia debe suplir las necesidades de las viudas; nosotros, como iglesia, también debemos cuidar de aquellas
que están en necesidad. Pablo dice: "porque si alguno no provee
para los suyos, y mayormente para los de su casa, ha negado la fe,
y es peor que un incrédulo" (1 Ti. 5:8). ¡Esta es una declaración

fuerte, pero cierta! ¿Estamos preparadas para cuidar de nuestra madre y nuestra suegra cuando llegue el momento? ¿Estamos enseñando a nuestros hijos a respetarnos y respetar la Palabra de Dios de tal modo que, llegado el momento, ayuden a cuidar de nosotras?

De la Palabra de Dios a tu corazón

Ahora bien, esta es una charla íntima y franca, de corazón a corazón. Recuerdo decirle a un grupo de mujeres que mi esposo Jim y yo no oramos para cuidar de nuestros padres... porque "es un hecho". Las Escrituras dicen que debemos cuidar de ellos, de modo que eso es lo que pensamos hacer. Simplemente lo haremos. Bien, debo decirte que me impresionó la expresión de espanto en *sus* rostros. Y tuvimos un gran debate. Pero allí está, en 1 Timoteo 5. Este versículo nos llevó a tomar la decisión con respecto a nuestra familia hace bastante tiempo. Y después de cuidar de nuestros padres en los últimos años de sus vidas, no nos arrepentimos de haberlo hecho. No fue para nada fácil, pero en ese proceso tuvimos muchos momentos de gozo.

Una cosa que hace la mujer que ama a Dios es cuidar de los miembros de su familia. Si bien toma tiempo, dinero y esfuerzo, es bueno y aceptable a los ojos de *Dios*.

Señor, ayúdame a ver las necesidades presentes de mi propia familia. Dame un corazón de amor y el valor de obrar en consecuencia a fin de suplir sus necesidades. Dios, tú prometiste cuidar de las viudas, los huérfanos y aquellos que invocan tu nombre. Toma mi servicio fiel a ellos como un servicio para ti. Amén.

La armadura de Dios

Estad, pues, firmes, ceñidos vuestros lomos con la
verdad, y vestidos con la coraza de justicia, y calzados
los pies con el apresto del evangelio de la paz. Sobre
todo, tomad el escudo de la fe, con que podáis apagar
todos los dardos de fuego del maligno. Y tomad el
yelmo de la salvación, y la espada del Espíritu, que
es la palabra de Dios; orando en todo tiempo...

EFESIOS 6:14-18

Como escritora, suelo plasmar en mis libros lo que pasa a
mi alrededor. Lo mismo ocurre en los escritos de Pablo cuando
explica la realidad de la guerra espiritual. Pablo escribe esta
carta desde una prisión donde, durante dos años, estuvo observando diariamente a los soldados romanos. Todo lo que apren-
dió sobre la armadura y las armas de los soldados lo usa para
recordarnos que debemos prepararnos para la batalla espiritual.

De la Palabra de Dios a tu corazón

¿Te cuesta descansar en las verdades bíblicas, testificar de
Dios, seguir fielmente a Cristo? ¡Anímate! No eres la única.

Estas batallas son parte de una gran guerra espiritual que
afecta a este mundo... y a todo el universo. ¡Alabado sea Dios,

que Cristo ha ganado la victoria final! ¿Qué puedes hacer para ser fuerte y vencedora en tu lucha contra Satanás?

Cíñete con la verdad. Los soldados se colocaban un cinto en la cintura para sostener las piezas de la armadura en su lugar. El cinto de la verdad es esencial para hacer guerra contra las mentiras, las medias verdades y las distorsiones de Satanás.

Vístete con la coraza de justicia. La coraza protegía al soldado desde el cuello hasta los muslos. La justicia es santidad, y tu fiel obediencia a Cristo forma una cubierta de protección.

Cálzate con el evangelio de la paz. El soldado romano tenía sandalias especiales hechas de cuero blando con suelas cubiertas de tachuelas, lo cual le permitía estar firme en el combate. Vestirte con la verdad te permite estar firme contra las mentiras de Satanás.

Toma el escudo de la fe. El gran escudo romano estaba diseñado para la protección total. La fe es tu escudo. Creer en Dios y confiar en Él está implicado en todas tus creencias y en las cosas en las que confías.

Ponte el yelmo de la salvación. El yelmo protegía la cabeza del soldado de las flechas y los golpes de espada. La "salvación" se refiere al futuro de la vida eterna y el cielo. El yelmo de la salvación te da la confianza de que tendrás una victoria grande y gloriosa.

Toma la espada del Espíritu. Este tipo de espada se usaba en el combate cuerpo a cuerpo. Es un arma espiritual procedente del Espíritu de Dios, que te enseña qué quiere decir la Biblia y cómo ponerlo en práctica en tu vida diaria.

Vestirse para la victoria espiritual es un proceso de la cabeza a los pies. Vestida con esta armadura, puedes ganar las batallas diarias de una vida sin reservas para Cristo.

Señor, declaro que te seguiré vestida para la victoria en la batalla espiritual. Recuérdame que nunca debo subestimar mi fe y que cada día debo usarla como mi escudo. Guíame y dame tus fuerzas para que cada victoria sea para tu gloria. Amén.

La vida de fe

Hermanos míos, tened por sumo gozo cuando os halléis en diversas pruebas, sabiendo que la prueba de vuestra fe produce paciencia. Mas tenga la paciencia su obra completa, para que seáis perfectos y cabales, sin que os falte cosa alguna.

SANTIAGO 1:2-4

¿Has tenido maestros muy directos a la hora de darte enseñanza y francos en cuanto a tus retos? Muchas veces son los mejores mentores que encontramos. Santiago es uno de esos maestros. Es práctico y directo cuando habla de los problemas internos que nos hacen mal y pueden debilitar nuestra vida cristiana. Es muy probable que te identifiques con alguna de las dificultades que estás afrontando en la lista siguiente.

- Agotamiento espiritual
- Una vida equivocada a causa de una doctrina equivocada
- Un estado espiritual débil en general
- Malas actitudes hacia la bondad de Dios y sus dádivas

Esto conduce a:

- La indulgencia en un lenguaje licencioso
- Contiendas y la creación de divisiones
- La adopción de un espíritu mundano

¡Te dije que Santiago era práctico! Y no solo se limita a enumerar los problemas, sino que también nos reta a aceptar la solución para que podamos vivir la vida cristiana, y no solo profesarla. ¿Estás comprometida a tener una vida de fe, a vivir de manera piadosa?

Ya has atravesado pruebas anteriormente, y afrontarás más. ¿Es realmente posible tener por sumo gozo cuando tengas problemas, como dice Santiago? Sí, pero se requiere disciplina espiritual. Aquí hay dos maneras de asegurarte de que tu fe crezca en… y a pesar de… las pruebas.

Con el uso de tu mente. Contar por sumo gozo cuando nos hallamos en pruebas tiene que ver con tu mente y no con tus emociones. No importa cómo te sientas emocionalmente o físicamente, ¡decide tener por sumo gozo tal situación! Conoce que finalmente cosecharás bendiciones de gozo, paciencia y perfeccionamiento al mirar adelante y pensar en el resultado de tus pruebas: una mayor madurez espiritual y una fe más fuerte.

Con el uso de tu fe. Puedes decidir ver cada prueba con los ojos de la fe. ¿Por qué? Porque los ojos de la fe verán la mano de Dios en cada situación. Solo la fe puede llevar el registro de esa especie de contabilidad de Dios que coloca cada prueba en la columna del gozo. Cuando sufras, decide *creer* en la bondad de Dios y en su proceso de perfeccionamiento de tu vida y tu fe. Cuando atravieses tiempos de dolor, *cree* que Dios te ama y tiene el perfecto control de todas las cosas. *Cree* en los propósitos superiores de Dios aunque todavía estén velados. Y *cree* en el resultado positivo de tus pruebas: una relación cercana con tu Padre celestial.

Amiga, cobra ánimo y sigue avanzando en medio de tus problemas. "No mirando nosotros las cosas que se ven, sino las que no se ven; pues las cosas que se ven son temporales, pero las que no se ven son eternas" (2 Co. 4:18). *¡Así* es como los ojos de la fe ven las pruebas!

Señor, ayúdame a vivir en fe y creer en tu plan, amor y propósito en medio de mis pruebas. Me comprometo a seguir adelante en esta situación con un corazón fervoroso y con los ojos de la fe. Amén.

Sirve al Señor

Aconteció que yendo de camino, [Jesús] entró en una aldea; y una mujer llamada Marta le recibió en su casa. Esta tenía una hermana que se llamaba María, la cual, sentándose a los pies de Jesús, oía su palabra. Pero Marta se preocupaba con muchos quehaceres, y acercándose, dijo: Señor, ¿no te da cuidado que mi hermana me deje servir sola? Dile, pues, que me ayude.

LUCAS 10:38-40

Marta y María. ¿Por qué amamos tanto a estas dos hermanas? ¡Porque a veces nos identificamos con alguna de las dos! Muchas de nosotras somos mujeres con una misión, ya sea planificar una cena, dar clases escolares a nuestros hijos, transportar a nuestros hijos a sus diferentes actividades, administrar el hogar, organizar un ministerio o manejar un negocio. Con semejante servicio apremiante e intencional, es fácil perder de vista nuestra necesidad de adoración ferviente. Sí, necesitamos ímpetu y determinación. A veces debemos ser como Marta. Pero al igual que María, también necesitamos hacer una pausa en medio del ajetreo de nuestra agenda para tener comunión con el Señor.

¿Te sueles identificar más con el pedido de ayuda de Marta? Ella ve que su hermana está disfrutando totalmente la visita de Jesús mientras ella se siente obligada a hacer que todo esté perfecto para la reunión. ¿Has organizado una cena y, al final, te diste cuenta de que apenas tuviste tiempo de disfrutar con tus invitados? Pienso que muchas de nosotras tendemos a ser como Marta, entonces aceptemos lo que Jesús le ofrece a Marta.

Reconocimiento. Jesús le manifiesta empatía. Inmediatamente reconoce la presión que está soportando Marta cuando le dice: "Marta, Marta, afanada y turbada estás con muchas cosas" (Lc. 10:41). Cuando estamos cansadas, Jesús ve nuestras pruebas y nuestras cargas. Él sabe que estamos agotadas y que nos sentimos frustradas.

Verdad. Aunque Jesús es compasivo, también le muestra la verdad a Marta. Debemos enfocarnos solo en una cosa, y María eligió la buena parte: enfocarse en Jesús, servirle y aprender de Él (v. 42).

¡No hay nada más importante que sentarse a los pies de nuestro Señor!

De la Palabra de Dios a tu corazón

Siempre sentiremos una pugna entre Marta y María en nuestro interior, pero espero que aprendamos a darle énfasis a "la buena parte"… la Persona correcta… Jesús. Cuando apartamos tiempo para adorar, descubrimos que la comunión con Dios es el punto de partida de todo nuestro servicio para Dios y nuestros semejantes.

Marta y María fueron muy bienaventuradas de poder estar con Jesús mientras estuvo viviendo físicamente en esta tierra. Podían acercarse a Él, tocarle y prepararle una buena comida. Y podían sentarse delante de su presencia física, hablar, hacerle preguntas y reírse.

Aunque no lo entendamos, tenemos la vida de Cristo en nuestro interior, ¡una presencia constante en nuestra vida! ¿Qué podemos hacer? Podemos ayudar a alguien que necesite compasión en el nombre de Jesús. Podemos servirle una comida a alguien que necesite hospitalidad. Podemos mantener un diálogo constante con Dios a través de la oración. ¡Somos muy bendecidas! Estamos en la presencia de nuestro Sustentador, y podemos tomar la fortaleza y la compasión que recibimos de Él en servicio para Él y para aquellos que nos rodean.

Señor, quiero sentarme a tus pies como hacían tus discípulos y amigos. Quiero verte sonreír con mi oración y adoración. Ayúdame a poner mi corazón en esa "buena parte" que importa más que ninguna otra cosa... mi tiempo contigo. Amén.

Una vida libre de reproche

Pero viudas más jóvenes no admitas; porque cuando,
impulsadas por sus deseos, se rebelan contra Cristo,
quieren casarse, incurriendo así en condenación, por haber
quebrantado su primera fe.

1 TIMOTEO 5:11-12

La historia de *la bella y la bestia* existe hace bastante tiempo. Pero después de leer las palabras de Pablo en el pasaje de hoy, queda claro que la dinámica de dicha historia existe hace mucho más tiempo. Primero vemos a *la bella* en la forma de una viuda mayor y fiel:

Sea puesta en la lista sólo la viuda no menor de sesenta años, que haya sido esposa de un solo marido, que tenga testimonio de buenas obras; si ha criado hijos; si ha practicado la hospitalidad; si ha lavado los pies de los santos; si ha socorrido a los afligidos; si ha practicado toda buena obra (1 Ti. 5:9-10).

Ahora, prepárate para *la bestia*. Pablo dirige su (y nuestra) atención a las viudas jóvenes, y señala sus defectos y malas decisiones:

Pero viudas más jóvenes no admitas; porque cuando, impulsadas por sus deseos, se rebelan contra Cristo, quieren casarse, incurriendo así en condenación, por haber quebrantado su primera fe. Y también aprenden a ser ociosas, andando de casa en casa; y no solamente ociosas, sino también chismosas y entremetidas, hablando lo que no debieran (vv. 11-13).

¿En qué se enfocaban las viudas jóvenes?

> *Deseos sensuales*: Tentadas por los placeres sexuales, estas mujeres jóvenes ignoraban su virtud y su fe e iban en busca de relaciones adúlteras con los hombres.

> *Desidia*: Las viudas jóvenes no trabajaban ni criaban hijos, de modo que llenaban su tiempo con actividades frívolas y vanas y con murmuración.

> *Se alejaban de la fe*: Sin un esposo recto que las guiara, muchas viudas jóvenes perdían el interés en su fe original. A menudo se casaban con hombres de otras religiones y adoptaban sus costumbres paganas.

Estas actitudes bestiales pueden suceder en cualquier mujer que se aleja de las instrucciones divinas y decide que sus deseos personales son más importantes que los del Señor.

De la Palabra de Dios a tu corazón

Hay una gran diferencia entre la belleza de las "buenas obras" de las viudas mayores y las "obras" escandalosas y destructivas del grupo más joven. ¡Qué pérdida de tiempo… y energía… y vidas! Qué pérdida de oportunidades de hacer algo productivo, de beneficiar la vida de otros, de hacer algo constructivo y de valor eterno.

Quiero dejarte tres cualidades, que te animo a desarrollar y que te ayudarán, ya seas una mujer casada, soltera, viuda, joven o mayor.

☞ *Dominio propio.* Cualquier mujer puede ceder a la sensualidad y deshonrar el nombre de Cristo. Controla estas actitudes y procura ser una mujer de Dios pura.

☞ *Actitud de sierva.* Casi siempre la desidia es la responsable de la mayoría de los malos hábitos. Si le restamos a nuestra familia y a nuestro servicio a Dios un tiempo valioso por mirar demasiada televisión, hablar por teléfono y utilizar la Internet, nos convertiremos en cuerpos ocupados y no en siervas ocupadas.

☞ *Fidelidad.* El compromiso con el matrimonio y la familia llena nuestro corazón y crea en nosotras un deseo aún mayor de honrar a Cristo y servir a nuestra familia y a nuestra comunidad.

Señor, cada vez que siento la tentación de llenar mi tiempo con placeres terrenales y actividades vanas, ayúdame a imitar el comportamiento de las viudas mayores, que siguen siendo fieles y rectas. Igual que ellas, deseo vivir libre de todo reproche. Quiero ser bella en ti y por ti. Amén.

Descansa en la paz de Dios

Pablo y Timoteo, siervos de Jesucristo, a todos los
santos en Cristo Jesús que están en Filipos, con
los obispos y diáconos: Gracia y paz a vosotros,
de Dios nuestro Padre y del Señor Jesucristo.

FILIPENSES 1:1-2

¿Te han separado de alguien muy querido, con el que te
encanta hablar? Esta es la razón por la que Pablo tomó una
pluma y escribió una carta a los filipenses. Tenía mucho que
decirles. Quería expresar su amor por aquellos que estaban en
Filipos y agradecerles. Además, quería consolarlos, pero también necesitaba advertirles y corregirles algunas cosas. ¡Qué
carta increíble!

Pero ¿has observado algo aún más notable en el pasaje bíblico
de hoy? Un gran líder como el apóstol Pablo y el hombre que era
su mano derecha, Timoteo, decidieron evaluarse y describirse
como "siervos" de Jesucristo.

La palabra griega que Pablo usó para "siervos" es *doulos*, que
se refiere a un esclavo que no tiene derechos, ni posesiones, ni
autoridad ni siquiera sobre su propia persona. En cambio, era
posesión de otra persona... para siempre. El rol de un esclavo en
la vida era singular: obedecer la voluntad de su amo rápidamente,
en silencio y sin cuestionar.

¿Cuántas veces hemos firmado una carta como *doulos* de
Cristo? (sé que yo no lo he hecho). ¿Qué cambios de actitud

deberíamos haber hecho para que pudiéramos proclamar junto a Pablo y Timoteo que somos siervas de Jesucristo... y decirlo de todo corazón?

¡Tenemos la dicha de ser mujeres de Dios! Contamos con el doble recurso de la gracia y la paz de Dios:

> ☞ La *gracia de Dios* es su favor inmerecido concedido a aquellos que han confiado en Jesucristo. ¡El poder sustentador de Dios viene incluido en su gracia y favor! Así como Dios es todo lo que necesitamos, del mismo modo la gracia de Dios cubre todo aquello que podemos imaginar y aún más.

> ☞ La *paz de Dios* es nuestra cuando nos acercamos a Él con la confianza, la seguridad y la esperanza de un niño que sabe que Él es nuestro Padre celestial, que vela por nosotras y nos cuida en todo sentido. En realidad, tenemos paz con Dios, la paz de Dios y al Dios de paz: todo lo que necesitamos para nuestro bienestar total.

¿Cuál es la prueba o dificultad que te está afligiendo hoy? Aprovecha estos dos recursos sobrenaturales: el poder y la paz de Dios. Están totalmente a tu disposición si perteneces a la familia de Dios por medio de Jesucristo. ¿Acaso no es impresionante?

Los retos de ser verdaderamente siervas, santas y poseedoras de los recursos sobrenaturales de la gracia y la paz de Dios, podemos afrontarlos juntas. Esfuérzate por ser una sierva del Dios Altísimo, una mujer que no tiene otro amo más que Él. ¡Entrégate totalmente a Jesús! Cuando el reto parece demasiado grande, mira al Señor y descansa en su gracia y su poder. ¡Él te sustentará!

Señor, quiero ser tu sierva. Dame tu fuerza y el poder de tu gracia y tu paz para vivir una vida que te agrade. Recuérdame que tú eres el Amo perfecto. Dame el corazón de una sierva fiel. Amén.

Ora en todo tiempo

Orando en todo tiempo con toda oración y súplica en
el Espíritu, y velando en ello con toda perseverancia
y súplica por todos los santos; y por mí, a fin de
que al abrir mi boca me sea dada palabra para dar a
conocer con denuedo el misterio del evangelio.

EFESIOS 6:18-19

Mi esposo estuvo en la reserva del ejército de los Estados
Unidos por más de veinte años. Jim nunca estuvo en combate,
pero cada vez que se marchaba para un entrenamiento o lo
convocaban existía el potencial, y las posibilidades de estar en
peligro aumentaban. Y dado que yo no siempre sabía dónde
estaba o qué estaba haciendo, lo único que podía hacer era orar
para que la protección de Dios le rodeara.

¿Te sentiste alguna vez impotente en medio de un hecho o
suceso preocupante en el que no tenías ni arte ni parte? O tal
vez te cuestionas si Dios podrá usar tus dones y tu capacidad. A
veces las jóvenes madres amas de casa se sienten marginadas con
respecto al ministerio cristiano. Y puede que estén tan atrapadas
por la presión del mundo de trabajar por dinero, que pierden
de vista lo que pueden hacer para el Señor… en el caso de que
tuvieran la energía de considerarlo. Después están aquellas mujeres confinadas al hogar porque padecen una enfermedad. Hay
muchas situaciones diferentes que podrían rebajarte a tal punto
de sentirte ineficiente. La buena noticia es que tú, como creyente,

puedes participar del plan de acción más importante. ¿Cuál es? ¡La oración!

A través de la oración, Dios te permite ser parte de la línea de fuego de las batallas espirituales, partícipe de un ministerio global y una fuente de sabiduría, aliento y ayuda para tu familia.

De la Palabra de Dios a tu corazón

Desearía poder hablar contigo personalmente y conocerte. Aunque no puedo hacerlo, estoy segura de que afrontas muchas de las dificultades que yo misma afronto: problemas personales, preocupaciones, ansiedades, tentaciones, decepciones, etc. Los problemas que te aquejan son muy reales, y tu preocupación es legítima. Estudios demuestran que cuando aparecen ansiedades o preocupaciones mayores, las menores desaparecen.

¿Qué significa eso? Si quieres ser libre de tus preocupaciones y ansiedades, ocúpate de los asuntos reales de la vida: las relaciones que realmente importan, los asuntos cercanos a tu corazón, las batallas espirituales que tú y otros afrontan, la segunda venida de Cristo y el efecto resultante de que las personas se decidan o no a ir a Dios a través de Cristo.

¿Y después qué puedes hacer? ¡Orar! Ora siempre. Ora por aquellas personas cercanas a ti. Ora por aquellos que no conoces. Ora por las situaciones que otros afrontan. Pronto descubrirás que es casi imposible… si no imposible… preocuparte por ti y orar por otros al mismo tiempo. Y no te olvides de orar por ti. Debes fortalecerte en el poder de Dios y dar a conocer a otros las buenas nuevas del evangelio.

Dios, cuando oro en el Espíritu, estoy tomando acción.
Me has bendecido con dones, capacidades y un corazón
compasivo. Ayúdame a ver las necesidades que hay a mi
alrededor y ver qué puedo hacer para acercarme a otros y

ayudar. Enséñame a ser sensible a las batallas espirituales que suceden a mi alrededor y en el mundo en general. Recuérdame que debo orar fielmente. Gracias por permitirme llevar a otros a ti. Amén.

Edifica la casa de Dios

Acercándoos a él, piedra viva, desechada ciertamente por
los hombres, mas para Dios escogida y preciosa, vosotros
también, como piedras vivas, sed edificados como casa
espiritual y sacerdocio santo, para ofrecer sacrificios
espirituales aceptables a Dios por medio de Jesucristo.

1 Pedro 2:4-5

¿Has tenido que hacer algo por ti misma... totalmente sola?
¿Has sido la única en cargar con toda la responsabilidad de un
trabajo u obligación? ¿Deseaste alguna vez que alguien, cualquier persona, te acompañara y te ayudara a cargar con parte
de la responsabilidad? Puede que te hayas sentido sola con tus
cargas emocionales. Muchas de nosotras hacemos malabares
en medio de increíbles responsabilidades en nuestro hogar,
nuestra iglesia, nuestra familia y nuestra comunidad, y nos
sentimos solas en medio de tanta ocupación y esfuerzos meri-
torios.

¿No concuerdas conmigo en que es difícil trabajar y estar
sola? Sin duda, ser parte de un grupo tiene grandes beneficios.
Y así es en el cuerpo de Cristo también. Nunca nadie está solo.
Nunca nos pedirán que estemos solos o ministremos solos. ¿Por
qué? Porque somos una "casa espiritual" construida con muchas
"piedras vivas" individuales. Dios estipuló que nunca estuviéra-
mos solos.

Agradezco a Dios por Pedro, el artífice verbal que usó un excelente simbolismo para describir la situación del cuerpo de Cristo, que es reconfortante y a la vez retador. En 1 Pedro 2:6 nos dice: "He aquí, pongo en Sion la principal piedra del ángulo, escogida, preciosa; y el que creyere en él, no será avergonzado", con base en Isaías 28:16. Estamos edificando nuestra vida eterna sobre la piedra angular (Jesús), y tenemos el apoyo de otras piedras vivas cuando nos acercamos a otros creyentes para tener comunión. ¿Acaso no es reconfortante?

No hay nada que, como creyentes, tengamos que hacer solas o soportar solas. ¿Por qué? Porque somos parte de una "casa espiritual": la Iglesia de Dios. Y, ¿cómo es esa Iglesia? Su fundamento es Cristo. Como una casa, tiene fortaleza y belleza basadas en una amplia variedad de materiales (¡incluida tú!). Lo que es más, esta magnífica casa de Dios se construye y se perfecciona con el agregado de cada persona que acepta a Cristo y se convierte en un nuevo miembro de la familia de Dios.

¿Y en qué sentido es retadora la situación de la Iglesia como cuerpo de Cristo? En que requiere que tú y yo, como individuos, hagamos nuestra parte para sustentar la fortaleza, la belleza y la utilidad de la casa. Debemos contener el impulso de hacer nuestra voluntad, en nuestras propias fuerzas y en nuestro propio tiempo. Necesitamos enfocarnos en el Señor y preguntarle qué desea Él que hagamos… cuándo… dónde… y cómo. ¡Y Él nos lo dirá! Descansa hoy en esta libertad.

Dios, me siento sola. He tratado de vivir mi vida sin ayuda, sin sostenerme en ti como mi piedra angular. En mi apremio por vivir una buena vida, a veces me he olvidado de que no fui creada para vivirla sola. Gracias por recordarme que vivo contigo en tu magnífica casa. Amén.

Descubre el secreto de la sabiduría

Y si alguno de vosotros tiene falta de sabiduría,
pídala a Dios, el cual da a todos abundantemente
y sin reproche, y le será dada.

SANTIAGO 1:5

¿Quieres conocer un secreto realmente bueno? Lo escuché de Santiago, y él dijo que te lo podía contar. Básicamente dijo: "Déjame contarte un secreto que revolucionará tu vida cuando debas afrontar las diversas pruebas de la vida. ¡Un secreto que originará en ti más resistencia, carácter, sabiduría y fe!". ¿No suena emocionante?

Santiago nos revela el secreto para poder cumplir nuestro sueño de tener esas deseables cualidades: si deseas tener sabiduría, lo único que tienes que hacer es pedírsela a Dios. ¿Quieres sabiduría para saber cómo resolver tus problemas? Entonces ve a la única fuente verdadera —al Dios vivo que te da sabiduría para hacer frente a las pruebas de la vida — y pídesela.

¿Estás creciendo como una mujer de fe, como una mujer que le pide sinceramente a Dios, que confía totalmente en Él y que no duda de nada? ¿Estás completamente convencida de que el camino de Dios siempre es mejor? ¿O a veces tratas la Palabra de Dios como un consejo que puedes tomar o dejar? ¿Te cuesta elegir con base en tus sentimientos, entre el consejo del mundo y los mandatos de Dios? ¿Crees que Dios tiene cuidado de tu vida? ¿Crees que es poderoso y bueno y que vela por ti?

Estas son preguntas serias, cuyas respuestas revelarán cómo es tu vida cristiana. ¿Necesitas orar para cambiar algo en tu vida?

De la Palabra de Dios a tu corazón

¿Cuántas veces al día necesitas sabiduría de Dios? En este momento, mientras escribo estas palabras, es casi mediodía, y ya he tenido que apelar a la sabiduría de Dios varias veces en lo que va del día. ¿No es maravilloso el hecho de que lo único que tienes que hacer es pedir a Dios su dirección con un corazón lleno de fe... y recibirás sabiduría? La próxima vez que te enfrentes a pruebas o dilemas, en vez de orar para ser libre de tu prueba, pídele a Dios que te dé sabiduría para saber lo que debes hacer. Haz una pausa, mira y escucha antes de apresurarte a seguir adelante:

- *Haz un alto* antes de hacer algo. Esto te da tiempo para consultar al Señor antes de actuar.
- *Mira al Señor.* Pregúntale intrépidamente: "Señor, ¿qué quieres que haga en esta situación?".
- *Escucha su sabiduría.* Un corazón de fe cree que Dios escucha tu pedido de ayuda... y Él responde.
- *Sigue adelante* porque sabes que la sabiduría de Dios es mejor. Responde a Él en obediencia sin dudar.

Estas acciones y actitudes de fe descubrirán el secreto de la sabiduría. ¡Aunque tengas diversas pruebas, ahora *sabes* cómo afrontarlas!

Señor, haré un alto, te miraré, te escucharé y luego seguiré adelante. En este día, te pido que me guíes, que me ayudes a descubrir el secreto de la sabiduría, para poder discernir tu Palabra y tu voluntad, porque mi deseo es seguir adelante como una mujer que crece en ti. Amén.

Una vida perfecta para Dios

En esto, juntándose por millares la multitud, tanto que
unos a otros se atropellaban, comenzó a decir a sus discípulos,
primeramente: Guardaos de la levadura de los fariseos, que
es la hipocresía. Porque nada hay encubierto, que no haya de
descubrirse; ni oculto, que no haya de saberse. Por tanto, todo
lo que habéis dicho en tinieblas, a la luz se oirá; y lo que habéis
hablado al oído en los aposentos, se proclamará en las azoteas.

LUCAS 12:1-3

En tiempos antiguos, los alfareros deshonestos a veces llena-
ban de cera las imperfecciones de la vasija de arcilla y después
pintaban por encima sus imperfecciones para que pareciera
una vasija perfecta. Solo si el posible comprador alzaba la vasija
a la luz podía determinar su verdadera naturaleza.

Podemos estar agradecidas de que Jesús es claro y directo
cuando expone las normas que Dios establece para aquellos que
son ciudadanos del reino. La deshonestidad en todas sus formas, incluida la hipocresía, era uno de los pecados más viles para
Jesús. Al analizar el pasaje bíblico escogido para hoy, encontramos algunas advertencias a tener en cuenta:

☞ Todo lo que tratamos de encubrir, se descubrirá.
☞ Todo lo oculto, se sabrá.
☞ Las palabras dichas en la oscuridad, saldrán a la luz.
☞ Lo que se hable en privado, se publicará.

No hay lugar para la hipocresía en una vida fiel y devota a Cristo. Cualquier cosa dicha o hecha en secreto, desde contar un chisme o actuar sobre la base de impulsos pecaminosos, se sabrá. Al colocar nuestra vida y nuestra conducta a la luz de la Palabra de Dios, ¿son de agrado para Él?

De la Palabra de Dios a tu corazón

Al considerar la vida con pasión y propósito, vemos una vez más que Jesús era apasionado sobre su mensaje, especialmente cuando se acercaba a la cruz. Lamentablemente, su sermón sobre la hipocresía enardeció más el temor y subsecuente odio de los líderes religiosos por Él. Sin embargo, su mensaje es fuerte y claro: todo debe ser perfecto para Dios. Se acerca el juicio. Absortas en el apasionado mensaje y amor de Dios, tú y yo nos esforzamos por ser una vasija sin defectos. Una vasija restaurada y perfecta por medio de la salvación y la gracia.

¿Estás afrontando oposición a tu fe dentro de tu hogar, en el trabajo o de parte de tus parientes? Jesús advirtió que habría divisiones. Pídele a Dios que te ayude a estar firme en Él. Y, ¿qué del juicio venidero? Pídele a Dios que te dé amor y denuedo para hablar del retorno de Jesús, incluso a aquellos que son porfiados. No te rindas con personas así. Jesús no lo hizo.

Dios, dame discernimiento y convicción de corazón para que pueda presentarte todos mis pecados a ti y ser limpia. Quiero ser perfecta en ti para que cuando otros vean mi fe, quieran conocerte. Ayúdame a tener una vida aprobada como una persona que ha recibido tu gracia y tu restauración y que te sirve incondicionalmente. Amén.

Da gracias por la misericordia de Dios

Doy gracias al que me fortaleció, a Cristo Jesús nuestro
Señor, porque me tuvo por fiel, poniéndome en el
ministerio, habiendo yo sido antes blasfemo, perseguidor
e injuriador; mas fui recibido a misericordia porque
lo hice por ignorancia, en incredulidad.

1 TIMOTEO 1:12-13

¿No te encantan las bodas? Una boda es la celebración maravillosa de la unión entre el esposo y la esposa, y el comienzo
de una vida juntos. ¡Qué buen momento para reflexionar en
el poder del amor! Otro hecho que me lleva a celebrar el amor
y el comienzo de una vida nueva es la reunión del domingo a
la noche en nuestra iglesia. ¿Por qué? Porque es en esa reunión
cuando nuestra iglesia bautiza a los nuevos creyentes. ¡Qué
bendición es escuchar los maravillosos testimonios de personas que han sido liberadas de las tinieblas! Es muy inspirador
disfrutar la experiencia divina de pecadores que fueron salvos y
dan gracias a Dios por su misericordia y esperan ansiosamente
pasar la eternidad con Él.

¿Leíste el pasaje de hoy? ¿Por qué no lo vuelves a leer? ¡Es como
un cometa que atraviesa como un rayo el cielo negro de la noche!
El testimonio de Pablo sobre su salvación nos muestra "el glorioso
evangelio del Dios bendito". Nos permite ver la nueva vida de
Pablo en Cristo comparada con su vieja vida sin el Mesías. ¡Qué

diferencia! ¡Espero que tú también hayas tomado la decisión de seguir a Cristo!

Como pecadoras salvas, podemos dar gracias a Dios al celebrar y honrar nuestra...

> *Salvación*. Pablo nunca "tuvo en poco" su salvación... ¡y tampoco deberías hacerlo tú! Al reflexionar en tu propia experiencia, ¿qué palabras de 1 Timoteo 1:13-15 describen la obra de Dios en tu vida?

> Habiendo yo sido antes blasfemo, perseguidor e injuriador; mas fui recibido a misericordia porque lo hice por ignorancia, en incredulidad. Pero la gracia de nuestro Señor fue más abundante con la fe y el amor que es en Cristo Jesús. Palabra fiel y digna de ser recibida por todos: que Cristo Jesús vino al mundo para salvar a los pecadores, de los cuales yo soy el primero.

> *Fortaleza*. Pablo agradeció a Jesucristo por permitirle estar en el ministerio (v. 12).

> *Servicio*. Cristo no solo nos salva, sino que nos fortalece y nos capacita para el servicio, para dar a conocer a otros el mensaje del evangelio.

De la Palabra de Dios a tu corazón

¡Increíble! Mi corazón rebosa de gratitud a Dios y a Jesucristo. Como Pablo dijo: "Pero la gracia de nuestro Señor fue más abundante con la fe y el amor que es en Cristo Jesús" (1 Ti. 1:14). Pablo nos está diciendo que la gracia de Dios es "sobreabundante" y más que suficiente para todos nuestros pecados.

¿Por qué no hacer lo que hizo Pablo? ¿Por qué no tener su misma respuesta? Dale gracias a Dios por su misericordia. Prorrumpe en una doxología: alaba, exalta y glorifica a Dios. En este momento podrías apartar un tiempo y desbordarte en alabanza y gloria a Dios.

(También podrías escribirlo. ¿Y por qué no darlo a conocer a otros?).

Señor, gracias por tu dulce misericordia, que ha cubierto mi pasado de pecado y me ha dado una nueva vida que termina en la eternidad contigo. Que mi vida sea un ejemplo de tu gracia redentora y mi profunda gratitud. Amén.

El beneficio de las pruebas

Bienaventurado el varón que soporta la tentación; porque
cuando haya resistido la prueba, recibirá la corona de vida,
que Dios ha prometido a los que le aman.

SANTIAGO 1:12

Cada prueba que aparece en nuestro camino es como una
extensión de agua a cruzar. Y hay solo una manera de cruzar
una extensión de agua, amiga mía: es subirse a una barca, alejarse de la comodidad de la orilla (de nuestro estado espiritual
presente) y soltar amarras. Para navegar exitosamente en medio
de cada nueva prueba, debemos soltar amarras y permanecer
en la barca hasta llegar a la otra orilla. No hay atajos.

Ya sea que te estés enfrentando a una gran tentación, a un
obstáculo enorme o a una pérdida dolorosa, tu prueba de resistencia requiere que no saltes de la barca. No puedes escaparte. No
puedes entrar en pánico. No puedes vacilar en tu compromiso de
salir airosa. No, debes permanecer en la barca.

Cada prueba nueva requiere el uso de la sabiduría y la madurez que tienes. Y te reta a confiar una vez más en el Señor y a acudir a Él en busca de fortaleza y sabiduría. ¡La noticia realmente
buena es que cuando llegues al otro lado de la prueba, habrás
crecido espiritualmente! Habrás tenido un crecimiento espiritual
maravilloso, notable y real.

La verdad de Dios es universal. No importa donde comiences, no importa la condición del puerto que estás dejando, puedes poner en práctica el mensaje de Dios en tu situación personal con absoluta fe. Dios aliviará tus cargas si tan solo se lo pides.

El humilde. Si vives con escasos medios, Santiago te llama a alegrarte y gloriarte en el hecho de que, como cristiana, eres una hija de Dios y coheredera con Cristo (Ro. 8:1-17). Aunque no seas rica, puedes gloriarte y alegrarte en el Señor.

El rico. Si has sido bendecida con riquezas y bienes materiales, Santiago dice básicamente: "No les des demasiado valor a tus riquezas. La vida es incierta. Así como el sol naciente marchita y seca rápidamente la hierba, del mismo modo tus riquezas pueden desaparecer. No pongas tu confianza en las cosas externas, que puedes perder en un segundo; sino en el Señor y en las riquezas eternas que solo Él puede dar".

El sufrimiento llegará. Y finalmente de una cosa estás segura: el terreno es parejo al pie de la cruz. Las pruebas son el gran ecualizador que nivela a todos los creyentes en su dependencia de Dios. De modo que persevera, al saber que recibirás la bendición de la corona de vida que el Señor ha prometido a aquellos que le aman.

> *Señor, es intimidante dejar el puerto que conozco tan bien... aunque se haya convertido en un lugar de sufrimiento. En esta prueba que estoy afrontando, voy a soltar amarras y a depender de tus promesas para navegar, estar a salvo y recibir la sabiduría que necesito para llegar al otro lado. Amén.*

La herencia de Dios

En él asimismo tuvimos herencia, habiendo sido
predestinados conforme al propósito del que hace todas
las cosas según el designio de su voluntad, a fin de que
seamos para alabanza de su gloria, nosotros los que
primeramente esperábamos en Cristo.

EFESIOS 1:11-12

Mis padres fueron dos maestros de escuela, que trabajaron arduamente toda su vida. Después de años de trabajar en la enseñanza, ambos se jubilaron y se dedicaron a su pasión mutua de comprar, restaurar y vender antigüedades. Y llegaron a acumular suficientes fondos para dejarnos una pequeña herencia a mis tres hermanos y a mí. Jim y yo usamos mi parte para pagar la hipoteca de nuestra casa. Cada día cuando camino por mi casa, pienso en mis tiernos y queridos padres y en el regalo que nos hicieron a mi familia y a mí.

Tal vez tú no tengas una herencia de un padre terrenal, ¡pero anímate! Tu Padre celestial te ha dejado una herencia celestial con la que puedes contar. Al caminar por la vida con un sentimiento de seguridad, piensa en el regalo que te ha hecho el Padre y qué significa.

Tu vida en Cristo. Cuando confías en la Palabra de Dios y crees en su herencia, no puedes más que responder con gratitud. Tus palabras, tus acciones y tu corazón son transformados cuando vives en Cristo.

Tu apego al mundo. ¡Qué alivio es saber que tu verdadera riqueza y tu verdadero valor se encuentran en tu identidad en Cristo y en tu salvación! No necesitas la versión de riquezas del mundo. Tu bendición como hija de Dios es el tesoro más grande que puedes tener.

Tu misión con los demás. Tú escuchaste las buenas nuevas y respondiste. Ahora, te toca a ti testificar a otros. Procura hoy hacer algo que sea un testimonio del evangelio de Cristo para otros. Da de tu herencia celestial y muestra a otros lo que significa recibir el regalo del amor y la gracia de Dios.

De la Palabra de Dios a tu corazón

Como creyente en Jesucristo y como alguien que confía en Él, has recibido una herencia en Él que está sellada y garantizada por el Espíritu Santo. Pero no fuiste salva y bendecida para tu propia gloria. No, fue para *la gloria de Dios*. Tu redención se convierte en un ejemplo de la gran gracia de Dios para otros. Cuando otros vean cómo se mueve Dios en tu vida, querrán conocer a Dios y dejarse guiar por Él. ¿No es increíble que Dios te permita colaborar con Él de una manera tan personal y duradera?

Pablo tenía el excepcional hábito de alabar, que es un gran ejemplo para ti. En Efesios 1:6 alabó a Dios. En el versículo 12 alabó a Jesucristo. Y nos dio a conocer que la obra del Espíritu Santo es para alabanza de la gloria de Dios. Responde a Dios con la alabanza de tu corazón. Hazte el hábito de alabarle. Es algo que haces en la tierra y seguirás haciendo en el cielo.

Señor, estoy muy agradecida de recibir tu herencia celestial. Quiero vivir cada día con un corazón lleno de alabanza y acción de gracias a ti. Que mi vida refleje cuán agradecida estoy por las bendiciones que me has dado... y me sigues dando. ¡Gracias! Te alabo por mi esperanza, mi futuro y mi fe en ti. Amén.

Vive con el cielo en mente

Porque para mí el vivir es Cristo, y el morir es ganancia.
Mas si el vivir en la carne resulta para mí en beneficio de
la obra, no sé entonces qué escoger. Porque de ambas cosas
estoy puesto en estrecho, teniendo deseo de partir y estar
con Cristo, lo cual es muchísimo mejor.

FILIPENSES 1:21-23

La muerte no es un tema muy popular... o agradable para la mayoría de nosotras. Un niño escribió: "Querido Dios, ¿cómo es cuando mueres? Nadie me lo dirá. Solo quiero saber. ¡No quiero hacerlo!". Los adultos no preguntamos para no descubrirlo "en carne propia". En cambio, leemos información sobre cómo tener una buena vida.

Cuando Richard Baxter, el inglés puritano, murió a los 76 años, atormentado por el dolor y la enfermedad, un amigo le preguntó: "¿Cómo estás?". ¿Su respuesta? "¡Casi bien!". ¡Qué perspectiva! El señor Baxter creía —¡y sabía!— que la muerte significaba simplemente partir y estar con Jesús. De acuerdo a la Palabra de Dios, la muerte no es el final, no es lo desconocido, no es lo peor que puede pasar.

Pablo, el sufrido siervo de Dios, nos muestra cómo vivir, pero también nos muestra cómo morir: "Porque para mí el vivir es Cristo, y el morir es ganancia" (Fil. 1:21). Pablo anhelaba estar con el Señor, a quien amaba. Sin embargo, sabía que cada día que vivía era otro día para servir a Cristo. ¡Qué ejemplo para ti y para mí!

¿No harías de Filipenses 1:21 tu credo de la vida y la muerte? La vida es más que planificar la jubilación, ahorrar dinero, comprar un vehículo recreacional, viajar y darse la gran vida. La vida es vivir para Cristo y en Cristo cada día. Es mirar el futuro con esperanza y anhelar ese día cuando estés en la presencia del Señor para siempre.

> *Señor, quiero vivir cada día para tu gloria. Dame la fortaleza de ser un buen testigo de ti al mundo. Anhelo la vida abundante en ti en esta tierra y luego estar en el cielo contigo; porque como dijo Pablo: "para mí el vivir es Cristo, y el morir es ganancia". Amén.*

Respeta la autoridad de los demás

Sométanse por causa del Señor a toda autoridad
humana, ya sea al rey como suprema autoridad, o a
los gobernadores que él envía para castigar a los que
hacen el mal y reconocer a los que hacen el bien.

1 PEDRO 2:13-14 (NVI)

¡Sí, querida! ¡Atención! Apareció la palabra *sumisión*. ¿Acaso no se te acelera el ritmo cardíaco con esta palabra? Sin duda, es una palabra que provoca escándalos en nuestra sociedad. Antes de que pienses que estoy sacando este tema por ti, quiero que sepas que el concepto de la sumisión a la autoridad existe desde las primeras páginas de la Biblia. La sumisión es un concepto de Dios muy importante. Debemos someternos a los que están en autoridad, entre los que se incluye el gobierno.

¿Qué significa específicamente la orden de someterse? Fíjate en la siguiente lista de definiciones. *Someterse* significa…

- "Ponerse por debajo de otro".
- "Aceptar la autoridad" de otro.
- "Respetar" la jerarquía y autoridad que Dios estableció para otro.
- "Colocarse bajo la autoridad de un comandante según la jerarquía del ejército".
- "Adoptar una actitud de sumisión".

¿De qué maneras y en qué ámbitos de la vida diaria puedes y debes someterte (y de hecho te sometes) a tu país, tu estado, tus líderes locales y tus relaciones personales?

De la Palabra de Dios a tu corazón

Como cristianos, llamados y apartados por Dios, pasamos por este mundo en nuestro camino al cielo. No obstante, debemos mantener una conducta social honorable mientras vivimos entre otros. He descubierto que me resulta más fácil hacer algo que no me sale naturalmente cuando sé *por qué* es necesario hacerlo. Y esto es lo que ocurre con la sumisión. Dios nos dice "sométanse", pero también nos explica claramente por qué. ¿Notaste las palabras "por causa del Señor" en el pasaje de hoy? ¿Acaso puede haber una respuesta mejor o más importante a la pregunta del "porqué"?

El *porqué* de nuestra sumisión está implícito en *quién* es el destinatario de nuestra sumisión: *Dios*. Como puedes ver, *Dios* nos pide que nos sometamos por su causa. Y nos explica que la sumisión es su voluntad. Por tanto, nos está pidiendo que le sirvamos en nuestra sumisión a otros.

Y hay otro concepto: *Dios es soberano*. Él sabe todo sobre los gobernantes y las autoridades existentes. Él lo ha establecido de esta manera y los ha puesto en autoridad (Ro. 13:1-7). Él también sabe qué está llevando a cabo en su grandioso plan a través de estas autoridades. Descubre el alivio y el poder de confiar simplemente en el Señor. Debemos someternos como siervas de Dios, porque sabemos que es su voluntad y es por su causa.

Señor, entender qué es la sumisión me ayuda a ver más claramente qué importante es honrarte y respetar la autoridad de otros cuando me someto. Ayúdame a tener un espíritu dispuesto y un corazón de sierva para aceptar tu autoridad y poner en práctica la sumisión en mi vida diaria. Amén.

Imita a quienes imitan al Señor

Hermanos, sed imitadores de mí, y mirad a los que así se conducen según el ejemplo que tenéis en nosotros. Porque por ahí andan muchos, de los cuales os dije muchas veces, y aun ahora lo digo llorando, que son enemigos de la cruz de Cristo; el fin de los cuales será perdición, cuyo dios es el vientre, y cuya gloria es su vergüenza; que sólo piensan en lo terrenal.

FILIPENSES 3:17-19

¿No te gustaría que las personas llevaran un gran letrero luminoso que describiera su carácter? Nos ahorraríamos muchas penas si pudiéramos saber de antemano que alguien es engañador, egoísta o impío. Dado que esto no es posible, lo mejor es desarrollar discernimiento para poder tener indicios del carácter de una persona, de modo que podamos juntarnos con aquellas que imitan al Señor.

Pablo, el maravilloso siervo de Dios, nos explica sabiamente a quién debemos imitar por medio de dos ilustraciones: los amigos de la cruz y los enemigos de la cruz.

Podemos saber quiénes están *en contra de la cruz de Cristo* por sus motivaciones. Son personas egocéntricas, que solo piensan en suplir sus necesidades. Estas personas buscan gloria y se enfocan en lo que este mundo ofrece.

Los amigos de la cruz de Cristo se conocen por sus acciones y su corazón, porque su mayor deseo es seguir fielmente a Jesucristo. ¿Ves o conoces cristianos que actualmente están siguiendo el patrón establecido por Jesús y Pablo? ¿Eres tú esa persona de la cual otros pueden aprender?

El pasaje bíblico de Filipenses 3:17-19 está lleno de mensajes para ti y para mí.

Imita a otros cristianos. Eres bendecida si en tu vida hay alguien que te muestra cómo seguir los pasos de Cristo. Si eres nueva en la fe, ruégale a Dios que te muestre... rápidamente... a alguien que tenga sus ojos puestos en el Señor y cuya alma esté apegada a Él (Sal. 63:8).

Imita a Jesús. Oro para que aceptes el reto de ser ejemplo para que otros sepan qué significa ser un verdadero seguidor de Cristo. Oro para que puedas decir como Pablo: "Sed imitadores de mí, así como yo de Cristo" (1 Co. 11:1).

Mantente alerta. Hemos sido advertidas de estar pendientes y reconocer a los enemigos de Jesús. Pablo lloraba cuando hablaba de aquellos que deciden alejarse del Señor. Asegúrate de imitar a aquellos que imitan al Señor.

Anímate. ¡Como creyentes, veremos a Jesús! Y seremos transformadas a su imagen.

La instrucción de Pablo en cuanto a discernir nos ayuda a escudriñar el corazón y la vida de otros... así como nuestra propia vida. ¿De qué manera la cruz de Cristo influye en tu vida diaria?

Dios, con mis ojos puestos en ti y mi corazón enfocado en tu Palabra, imitaré a aquellos que te imitan. Confieso que soy "amiga de la cruz" y quiero llevar a otros a ti. Ayúdame a lograrlo. Amén.

La buena batalla

Mas tú, oh hombre de Dios, huye de estas cosas, y
sigue la justicia, la piedad, la fe, el amor, la paciencia, la
mansedumbre. Pelea la buena batalla de la fe, echa mano de
la vida eterna, a la cual asimismo fuiste llamado, habiendo
hecho la buena profesión delante de muchos testigos.

1 TIMOTEO 6:11-12

¿Has hecho ejercicio físico? ¿Te sientes fuerte? ¿Estás lista
para "pelear la buena batalla de la fe"? ¡Espero que sí! Pablo nos
insta a *pelear*, a *luchar*, a *huir* y a *seguir*. Suena como si estuvié-
ramos entrenándonos para estar en una serie de acción nueva,
pero la meta de Pablo es mucho más piadosa. Debemos pelear
por algo más digno: la fe cristiana. Con Pablo como nuestro
entrenador, pienso que estaremos preparadas.

Regla 1: *Huye de las cosas del mundo*. Previo a estos versículos,
Pablo se refirió específicamente al peligro del amor al dinero.
Cuando nos damos la vuelta y huimos del diablo, podemos correr
hacia Dios y aceptar sus prioridades y sus propósitos.

Regla 2: *Busca la piedad*. Sigue la justicia, la piedad, la fe, el
amor, la paciencia, la mansedumbre.

Regla 3: *Pelea la buena batalla de la fe*. Haz tu confesión de fe
en público. Cuando el mundo sabe de quién eres y a quién sirves,
te ves forzada a ser más fuerte. ¡Todo aquel que se manifiesta a
favor de algo debe hacerse responsable de lo que dice!

¿Consideras que las palabras *huir* y *seguir* describen el *dejar* el amor al dinero para *ir en pos* de las actitudes piadosas de tu vida cristiana? ¿Qué pasos puedes dar que redoblan la seriedad de estas dos acciones en tu vida diaria? "Pelear la buena batalla de la fe" es una batalla continua. El entrenador Pablo dice que deberíamos pelear hasta la aparición de nuestro Señor Jesucristo. Tal vez, si estamos *huyendo* y *siguiendo* y *peleando* arduamente, anhelaremos con más pasión su retorno.

De la Palabra de Dios a tu corazón

No caben dudas de que el corazón de Pablo estaba aferrado al Señor. En su anhelo por la segunda venida de su Señor, Pablo irrumpe en una lista de los atributos de Dios.

Que guardes el mandamiento sin mácula ni reprensión, hasta la aparición de nuestro Señor Jesucristo, la cual a su tiempo mostrará el bienaventurado y solo Soberano, Rey de reyes, y Señor de señores, el único que tiene inmortalidad, que habita en luz inaccesible; a quien ninguno de los hombres ha visto ni puede ver, al cual sea la honra y el imperio sempiterno. Amén (1 Ti. 6:14-16).

Sí, la mirada de Pablo estaba en otras cosas, no en las "cosas" temporales como el dinero y las posesiones. ¡En medio de su propia batalla de la fe, su enfoque está en la piedad, en la vida eterna, en el hecho de la presencia de Dios, en Jesucristo, en su Segunda Venida, en el Rey de reyes y Señor de señores, en la inmortalidad, en la luz inaccesible, en lo eterno!

¿Dónde tienes puestos tus ojos, amiga? Como una mujer conforme al corazón de Dios, debes buscar las cosas de arriba y poner la mira en las cosas de arriba (Col. 3:1-2). ¡Alcemos juntas nuestros ojos!

Dios, deseo buscar las cosas de arriba y poner mis ojos en mi victoria en ti. Instrúyeme y prepárame para esta pelea de fe a fin de que pueda fijar mis ojos en ti. Amén.

Escudriña tu corazón

Desean algo y no lo consiguen. Matan y sienten
envidia, y no pueden obtener lo que quieren. Riñen
y se hacen la guerra. No tienen, porque no piden. Y
cuando piden, no reciben porque piden con malas
intenciones, para satisfacer sus propias pasiones.

SANTIAGO 4:2-3 (NVI)

Guerra y paz. Sé que estas palabras componen el título de
una clásica novela, pero también indican dos condiciones en
la iglesia. También pueden describir las condiciones de nuestro
corazón. Cuando Santiago escribe esta rotunda lista de problemas, revela la futilidad de estos actos y conductas. Cuando
incurrimos en esas actividades, no logramos lo que realmente
estamos buscando, y desde luego no honramos a Dios.

A los efectos de examinar atentamente nuestro corazón, los
términos que usa Santiago nos ayudan a crecer en nuestro entendimiento del pecado y la maldad, los problemas y las soluciones.

- *Guerras.* La primera palabra que Santiago menciona está
basada en la palabra griega usada, en un sentido literal,
para el conflicto armado y, en un sentido figurado, para
reflejar disensión, conflicto o desacuerdo.
- *Riñas.* Esto es más de lo mismo: peleas, desacuerdos y dis-
cusiones. Estos son arrebatos de agresividad y rivalidad.

❧ *Deseos de placer.* Ay, acá Santiago pone su dedo en las causas de la guerra y las peleas. Él dice que el problema está en el interior: dentro del corazón donde se cuecen los deseos egoístas de satisfacer los deseos y pasiones personales.

❧ *Codicia.* La codicia es un deseo o anhelo fuerte, apasionado y malsano. Y puesto que la codicia no puede traer paz interior, produce malestar y descontento, lo cual a menudo salpica a otros.

❧ *Asesinato.* Las ansias de placer y la incapacidad de alcanzarlo pueden llevar al ser humano a cometer actos vergonzosos, incluso a odiar y asesinar.

❧ *Envidia.* Los deseos desenfrenados y descontrolados pueden dar origen a una extrema violencia.

De la Palabra de Dios a tu corazón

En una oración desinteresada, puedes entregarle todas tus áreas de discordia y conflicto a Dios. Cuando el interior de tu corazón esté libre de deseos egoístas, no tendrás ansias de peleas y engaño. En cambio, anhelarás la paz de Dios.

¿Sabes que hay una manera "correcta" y una manera "incorrecta" de orar? La manera incorrecta es no orar en absoluto. Otra manera incorrecta es pedir cosas relacionadas con deseos codiciosos y egoístas, en vez de pedir aquello que impulse la voluntad y los propósitos de Dios para tu vida. Otra manera de orar incorrectamente es pedir por razones equivocadas. Por ejemplo, ¿quieres causar una buena impresión en alguien o estás buscando sinceramente beneficiar a Dios y su plan?

Eleva tus motivos al Señor en oración. Reconoce todo pensamiento pecaminoso, y cámbialos de tal modo que se conformen a la voluntad de Dios buena y perfecta. Esto se hace eco de lo que

Él nos dice en su Palabra con respecto a lo que le agrada. La oración, querida lectora, es el comienzo de la solución al problema de la discordia.

Señor, examina mi corazón. Muéstrame la discordia y los deseos egoístas que contrarrestan mi búsqueda de tu paz. Ayúdame a deshacerme de esas actitudes y a adoptar tu perspectiva. Amén.

Crece en la gracia

¡Oh almas adúlteras! ¿No sabéis que la amistad del mundo
es enemistad contra Dios? Cualquiera, pues, que quiera ser
amigo del mundo, se constituye enemigo de Dios.

SANTIAGO 4:4

Muchas veces pensamos que las pequeñas cosas no importan. Que no hacen ningún daño. Pensamos que no hay posibilidad de que algo de consecuencias tan pequeñas en esta vida
pueda lastimarnos de alguna manera. Tal vez sea ser amiga de
una persona que vive un poco al límite. Tal vez, tan solo una
cita amorosa con un incrédulo. O tan solo derrochar un poco
de dinero. Sin embargo, una pequeña cosa puede ser el primer
movimiento diminuto hacia lo que Santiago denomina "amistad del mundo". Si el lavabo del baño pierde agua, podríamos
decir: "Es tan solo una pérdida… no va a pasar nada". Pero
sí, va a pasar algo: ¡un desastre! Primero la zona alrededor
de la pérdida se va a saturar y, antes de que te des cuenta, las
baldosas se levantarán, la madera se hinchará y se combará, se
pudrirá, y el daño se extenderá sobre todo el piso.

¿No te chocó un poco leer las palabras *almas adúlteras* en el
pasaje bíblico de hoy? Santiago está agitando deliberadamente
el pensamiento de sus lectores espiritualmente infieles a Dios y
amantes del placer. *Son* adúlteros porque no están siendo fieles
a Dios. Coquetean con la mundanalidad y con los placeres de
este mundo.

¡No te apartes de Dios! Cada día opta por acercarte y tener comunión con Él.

De la Palabra de Dios a tu corazón

¿Habías pensado antes en alguna de estas dos opciones? ¿Estás optando por ser amiga del mundo *o* amiga de Dios? ¿Estás optando por ser enemiga del mundo *o* enemiga de Dios? Escudriña tu corazón y piensa en la clase de elecciones que has hecho durante la última hora... semana... año. De acuerdo al patrón de tus elecciones, ¿estás desarrollando una amistad con Dios o con el mundo?

Dios anhela ver la manifestación de su Espíritu en tu vida. Cuando buscas humildemente vivir íntegramente para Él, recibes la misericordiosa ayuda que necesitas precisamente para llevarlo a cabo. Dios bendice al de corazón humilde y favorece al manso con su continua gracia para que tenga un continuo crecimiento. Determínate a orar por maneras de buscar humildemente una vida que agrade a Dios y pedir la ayuda de su inmensa y maravillosa gracia.

Cuando pones tus ojos en Jesús, no tienes interés en las baratijas que el mundo ofrece. Cuando pones tus ojos en Jesús, la luz de su gloria y su gracia te cautivan. De modo que, en este día, pon tus ojos en Jesús.

Señor, quiero fijar mis ojos en ti y buscar tu corazón. Ayúdame a ver dónde y cómo he estado coqueteando con el mundo. No quiero que mi mentalidad sea "solo una vez"; sino dirigir mi atención, mis pensamientos y mis acciones a una eternidad contigo. ¡No puedo esperar! Amén.

En un mismo espíritu

Solamente que os comportéis como es digno del evangelio
de Cristo, para que o sea que vaya a veros, o que esté
ausente, oiga de vosotros que estáis firmes en un mismo
espíritu, combatiendo unánimes por la fe del evangelio.

FILIPENSES 1:27

¿Has escuchado hablar del proceso por el cual la porcelana
de Dresde es tan fina y deseada? Es el fuego. Esta magnífica
porcelana, la más fina del mundo, se coloca al fuego tres veces;
un proceso que resalta el dorado y el carmín y que los fusiona
en la porcelana de la manera más hermosa y permanente.

De manera similar, el cristiano es refinado en el fuego. Estos
son algunos privilegios que tienen los cristianos que siguen fielmente a Cristo. Veamos dos de ellos: la *fe* y el *sufrimiento*. Es
difícil pensar en sufrimiento como un beneficio, ¿verdad? Pero
cuando sufrimos por Cristo, *es* una bendición. ¿Cómo podemos
manejar la persecución?

- *Estar firmes*. Esta es la postura correcta para el sufrimiento.
  No es estar sentados con los hombros caídos o acostados.
  ¡No! Debemos estar firmes... fuertes en nuestra fe.
- *Combatir unánimes*. El dolor y el sufrimiento, así como
  la persecución, deberían venir desde fuera del cuerpo
  de Cristo, no desde dentro. No debería haber desacuerdos entre nosotros; en cambio, como cristianos debemos
  luchar juntos, codo a codo, con denuedo y unidad.

☞ *Rechazar el temor.* No debemos tener temor cuando sufrimos persecución y maltrato.

Mientras miras al Señor en tu sufrimiento, te animo a fortalecerte en Él, estar firme, luchar junto a otros creyentes y rechazar el temor.

De la Palabra de Dios a tu corazón

La fe fuerte se mantiene bien firme en la persecución. Resiste la presión de las pruebas. Así como un atleta fortalece sus músculos mediante la disciplina de un régimen regular, del mismo modo tú y yo podemos desarrollar una fe más fuerte, que nos permita conducirnos de una manera que sea digna de Cristo. ¿Qué tenemos que hacer?

☞ Leer regularmente la Palabra de Dios.
☞ Orar por una fe más fuerte.
☞ Leer biografías de cristianos que inspiren nuestra fe y perseverancia.

Necesitamos confiar en Dios durante los tiempos de refinamiento en el fuego. Al estar firmes en medio de estas luchas, nuestro compromiso con Cristo se intensificará, nuestra fe se fortalecerá, nuestra pasión por vivir para Él se encenderá y nos conduciremos de manera digna. Descansa en Dios y confía en que Él hará su buena y perfecta voluntad en medio de tu prueba.

Dios, te pido que me des la fortaleza y el valor de estar firme cuando estoy frente a aquellos que se oponen a mi fe y hablan en contra de ti. Ayúdame a ver las luchas como un privilegio, porque me acercan más a ti y al propósito que tienes para mí. Amén.

Persiste en la oración

Elías era hombre sujeto a pasiones semejantes a las nuestras,
y oró fervientemente para que no lloviese, y no llovió sobre
la tierra por tres años y seis meses. Y otra vez oró, y el cielo
dio lluvia, y la tierra produjo su fruto.

SANTIAGO 5:17-18

Sé que, como una mujer que busca las verdades de la Palabra de Dios para su vida, deseas hacer de la oración una parte vital de tu vida diaria. Yo también. Sentémonos a los pies de Santiago para un importante mensaje sobre el poder de la oración del justo. ¡Cuánto aprendemos de este breve pasaje bíblico en el que Santiago llama a toda la iglesia a orar! Este llamado incluye a…

- *los que sufren.* Los que afrontan persecuciones o pruebas deben alzar su voz en oración… un clamor de ayuda.
- *los alegres.* Los que están alegres deben cantar alabanzas: otra forma de oración.
- *los enfermos.* En la enfermedad, el enfermo debe llamar a los líderes y ancianos de la iglesia. Y los líderes deben orar por él.
- *los pecadores.* Los creyentes deben confesar sus pecados a Dios y orar unos por otros. Es bueno rendir cuentas de nuestra vida a otros cristianos.

☙ *los piadosos.* También somos llamados a velar por otros, a escucharlos y orar por ellos.

De la Palabra de Dios a tu corazón

Santiago es como un médico que siempre sabe qué es lo mejor; aunque duela. Cuando tenemos una dolencia física, a veces el tratamiento es doloroso. La cirugía nos complica. La quimioterapia y la radiación nos debilitan. Aun los puntos de sutura y las inyecciones duelen. Sin embargo, al final nos sentimos mejor y aliviados. Hubo un progreso. Eso es lo que Santiago (y el Señor) quieren para ti y para mí: ayudarnos a ser libres del pecado, porque nos hace daño. Y a veces el tratamiento es doloroso. Es difícil admitir los errores, pedir oración y pedir perdón. Pero al final somos mejores personas… y a menudo evitamos un escarmiento más severo.

Dios nos está llamando a caminar rectamente, admitir nuestro pecado cuando fallamos y caemos, pedir a otros que oren por nosotros, y hacer lo mismo por otros: orar siempre.

¿Cómo está tu vida hoy? ¿Estás sufriendo… o estás alegre? ¿Estás enferma… o estás orando por alguien que lo está? ¡Persiste en la oración! Que Dios escuche tus oraciones. En todo momento. En toda situación. Por cada necesidad.

Señor, mi corazón anhela estar en tu presencia. Cada vez que afronte la adversidad, la tentación, la enfermedad, la preocupación y a veces la alegría… alzaré mi voz y mi vida a ti. Amén.

Vive a la altura de tu llamado

Yo pues, preso en el Señor, os ruego que andéis como es
digno de la vocación con que fuisteis llamados, con toda
humildad y mansedumbre, soportándoos con paciencia los
unos a los otros en amor, solícitos en guardar la unidad del
Espíritu en el vínculo de la paz.

EFESIOS 4:1-3

Recuerdo que cuando era niña, mis padres nos decían a mis
tres hermanos y a mí: "Con los privilegios llega la responsabilidad". Posteriormente, como madre, yo misma les transmití
estas sabias palabras a mis dos hijas.

Querida amiga, Dios te ha bendecido abundantemente. Y
semejante bendición y privilegio deberían evocar un irresistible
sentido de la responsabilidad. El deber y el comportamiento que
definirán tu vida en vista de semejante bendición te llevarán a
"andar como es digno" en lo que fuiste llamada. Esta manera de
andar te llevará de estudiar los principios a ponerlos en práctica,
de reflexionar en Cristo a comprometerte con tu búsqueda como
seguidora de Cristo, del conocimiento de la doctrina a un sentido
del deber.

Cuando descubres y aceptas el llamado de Dios y vives conforme a la gracia que maravillosamente Él te ha concedido, estás
ayudando a la unidad del cuerpo de Cristo. Desarrollar actitudes
piadosas en Cristo incluye:

- *Humildad*: la práctica de considerar a los demás más importantes que tú.
- *Mansedumbre*: la práctica de la amabilidad, ser ecuánime y serena.
- *Longanimidad*: la práctica de la paciencia resuelta y la capacidad de soportar las molestias sin defenderte.
- *Paciencia*: tolerar en amor las faltas y fallas de otros y negarte a vengar los agravios.

Estas actitudes piadosas podrían parecer una debilidad al principio, especialmente en el mundo en el cual vivimos. Pero cuando provienen de un corazón entregado a Dios, se convierten en demostraciones de gran fe. ¿Has sido paciente con una persona muy complicada? ¿Has seguido adelante sin culpar o condenar a alguien, que con su desatino te hizo perder tiempo o una oportunidad? ¿Has puesto los intereses de otro antes que los tuyos propios sin llamar la atención ni quejarte? Cada una de estas respuestas requiere fortaleza y gracia de Dios.

De la Palabra de Dios a tu corazón

Tú llevas un gran rótulo de "cristiana" y tienes la gran responsabilidad de vivir como tal. Se cuenta la historia de un soldado del ejército de Alejandro Magno. El hombre fue sometido a juicio por deserción en un tribunal militar.

—¿Cómo se llama? —preguntó Alejandro Magno.

—Alejandro —fue la respuesta del hombre.

—Entonces cámbiese el nombre o cambie su manera de proceder —le ordenó el rey.

Nuestro comportamiento es una propaganda a favor o en contra de Jesucristo. Por eso es tan importante la unidad en el cuerpo de Cristo. Jesús oró para que sus discípulos (y la Iglesia) vivieran conforme a su llamado y estuvieran unánimes. Mediante el poder sustentador del Espíritu de Dios, tú puedes trabajar hacia la unidad en la fe.

Señor, quiero ser una propaganda para ti en todo lo que hago. Ayúdame a responder a otros con gracia, amabilidad y compasión. Quiero ser digna del llamado que me has hecho. Amén.

Calcula el costo

Y [Jesús] decía a todos: Si alguno quiere venir en pos de mí,
niéguese a sí mismo, tome su cruz cada día, y sígame.

LUCAS 9:23

¿No detestas cuando te atiende un vendedor agresivo? Si
tú eres como yo, seguramente te hacen poner nerviosa. Por
lo general, yo no puedo pensar. Me siento intimidada. Y a
menudo termino por tomar una mala decisión o comprar algo
que no quiero o no me gusta.

Ahora bien, definitivamente, Jesús no era un vendedor agresivo. De hecho, sus métodos eran totalmente opuestos. Él solía
pedir a todos que calcularan el costo de seguirle. Además de su
mandato a seguirle, Jesús dijo: "Porque todo el que quiera salvar
su vida, la perderá; y todo el que pierda su vida por causa de mí,
éste la salvará" (Lc. 9:24). Sin artilugios, sin engaños, sin des-
cuentos… simplemente la verdad que transforma las vidas.

Los que trabajan en mercadotecnia podrían preguntar:
"¿Cómo podemos hacer que sea más fácil seguir a Jesús? ¿Cómo
podemos hacer que el costo no parezca tan alto?". Pero Jesús no
estaba buscando individuos que le siguieran porque fuera fácil
o conveniente. Él estaba buscando individuos que calcularan el
costo y después decidieran seguirle, sin importarles el sacrificio
que tuvieran que hacer sobre la marcha y más adelante:

Y el que no lleva su cruz y viene en pos de mí, no puede ser mi discípulo. Porque ¿quién de vosotros, queriendo edificar una torre, no se sienta primero y calcula los gastos, a ver si tiene lo que necesita para acabarla? (Lc. 14:27-28).

La nómina de los seguidores de Jesús pone el dedo en la llaga y nos invita a reflexionar. Juan el Bautista, por ejemplo, fue decapitado. Un muchachito que estaba entre una de las multitudes tuvo que darle su almuerzo de panes y peces (¡y Jesús lo usó para alimentar a más de cinco mil personas!). Muchos de los discípulos llevaron adelante el mensaje de Jesús y sufrieron afrentas y muerte por Él.

Y Jesús nos llama a ti y a mí a hacer lo mismo. Necesitamos sacrificar nuestro orgullo, posesiones, arrogancia y egoísmo. Y deberíamos renunciar a nuestras excusas también. Seguir a Jesús requiere sacrificio, y Él no quiere que a nadie le tome esto por sorpresa, por eso nos pide que calculemos el costo.

De la Palabra de Dios a tu corazón

Estoy segura de que has descubierto que el éxito llega con un precio. No es diferente en la vida cristiana. Jesús permite que se marchen con total libertad aquellos que no están dispuestos a pagar el precio de seguirle. Jesús le advirtió a alguien que quería aplazar la decisión de seguirle: "Ninguno que poniendo su mano en el arado mira hacia atrás, es apto para el reino de Dios" (Lc. 9:62).

Ser discípulo de Cristo no es una transacción única. Jesús estaba pidiendo a sus seguidores, y nos está pidiendo a ti y a mí, que calculemos diariamente el costo de vivir para Él. Invierte en las cosas que prevalecen. No es fácil tomar tu cruz y seguir a

Jesús, pero cuando lo haces, descubres tu propósito y tu vida se llena de gozo y significado.

Señor, quiero seguirte sin importar el costo. Con tu fortaleza y tu gracia, dejaré de lado cualquier cualidad, posesiones y actitudes que se interpongan entre tus caminos y los míos. Ayúdame a tomar voluntariamente mi cruz y dedicar mi vida a ti. Amén.

La oración que agrada a Dios

Exhorto ante todo, a que se hagan rogativas, oraciones,
peticiones y acciones de gracias, por todos los hombres;
por los reyes y por todos los que están en eminencia...
Porque esto es bueno y agradable delante de Dios
nuestro Salvador, el cual quiere que todos los hombres
sean salvos y vengan al conocimiento de la verdad.

1 TIMOTEO 2:1- 4

¿Has orado genuinamente por alguien que estaba contra
ti? Imagínate vivir en un país donde los líderes no son cristianos y que, de hecho, son enemigos de la fe cristiana. ¿Orarías
por ellos? Eso es lo que estaba empezando a suceder en todo
el Imperio Romano cuando se escribió esta carta a Timoteo.
Líderes de todo el imperio estaban empezando a ver a los
cristianos como un culto no judío, opositores del emperador.
Como consecuencia, los líderes estaban empezando campañas
de persecución contra los seguidores de Jesucristo.

Entonces, imagínate que tu pastor te pide que ores por estos
individuos, justamente aquellos que se oponen a ti y a tus hermanos y hermanas en Cristo, sin importar cuán asesinos o malos
sean. ¿Cómo responderías? ¿*Podrías* hacerlo? ¿*Lo harías*? Espero
que digas que sí, porque eso es lo que nos dice el pasaje bíblico de
hoy. Timoteo revela la clase de oración que nosotros y la iglesia
debemos hacer:

- *Rogativas*: Proviene de una palabra griega que significa "carecer"; esta clase de oración surge de una necesidad. Le rogamos a Dios.
- *Peticiones*: Nos acercamos a Dios en una oración íntima y confiada. La palabra *petición* sugiere una conversación con Dios personal y confiada a favor de otros.
- *Acciones de gracias*: La acción de gracias es el complemento de una verdadera oración. Todas nuestras rogativas, peticiones y acciones de gracias deben hacerse con un espíritu de gratitud.

¿Te falta actualmente alguno de estos aspectos en tu vida de oración? Si es así, incorpóralos a tu tiempo con Dios y conviértete en una mujer consagrada a la oración.

De la Palabra de Dios a tu corazón

Orar por los líderes de nuestro país de la manera que a Dios le agrada, ya sea que respalden o se opongan al cristianismo, puede cambiar totalmente sus vidas, nuestro país, nuestras iglesias y nuestras vidas. La oración cambia las *cosas*, pero también nos cambia a *nosotras*.

Entonces, a orar. Ora por los funcionarios de gobierno. Ora por los que están en autoridad. Ora por el liderazgo de tu iglesia. Ora por tus amigos. Ora por tus enemigos (Lc. 6:28). Y, querida mujer, (esposa, madre, hija, hermana y sobrina), ora fervientemente por tu familia conforme al corazón de Dios. Da gracias por los que forman parte de tu círculo familiar y que aman al Señor Jesús. Pide por tus seres amados. Ruega fervientemente por tu cónyuge... o hijo... o madre... o padre... o hermana o hermano... que no acepta a Jesús.

Dios, es un gran privilegio y una bendición poder acudir a ti por las personas que amo... e incluso por aquellas que me persiguen. Llena mi corazón de amor, compasión y esperanza al elevar oraciones de rogativas, peticiones y acciones de gracias. Amén.

Una vida de servicio

Sea puesta en la lista sólo la viuda no menor de sesenta
años, que haya sido esposa de un solo marido, que tenga
testimonio de buenas obras; si ha criado hijos; si ha practicado
la hospitalidad; si ha lavado los pies de los santos; si ha
socorrido a los afligidos; si ha practicado toda buena obra.

1 TIMOTEO 5:9-10

¿Cómo puede una mujer saber sin lugar a dudas que su vida
vale la pena? La lección de hoy nos ayuda a llevar el control
para saber si tenemos un carácter piadoso y practicamos una
vida de buenas obras. Veamos rápidamente cuáles son las normas del Señor para aquellas que, como tú y yo, anhelan tener
una vida cautivante y útil.

Aunque Pablo presenta las cualidades de una viuda honorable,
podemos considerar su descripción como un modelo para cualquier mujer, sin importar su etapa o estación de la vida. Analiza
los atributos de esta mujer. ¿En qué te puedes comparar?

- *Fiel a su esposo*: ¿Honras y respetas a tu esposo?
- *Conocida por sus buenas obras, incluso como madre*: Si eres
  madre, ¿ves ese rol privilegiado como una buena obra?
  ¡Lo es!
- *Practica la hospitalidad*: ¿Recibes a amigos y extraños en
  tu hogar?
- *Sirve a los santos con humildad*: ¿Eres humilde cuando
  sirves en tu hogar, tu trabajo, tu iglesia y tu comunidad?

☞ *Ayuda al afligido*: ¿Extiendes una mano de ayuda a otros? ¿Quién puede necesitar tu ayuda? ¿Qué me dices de una madre soltera que podría necesitar que le cuides a su niño una tarde? ¿Conoces a alguna persona enferma o sola que podría necesitar que la visites?

☞ *Practica toda buena obra*: ¿Buscas la manera de servir y realizar buenas obras?

Practicar la piedad significa practicar todos estos atributos. ¿Es una prioridad en tu "lista de cosas para hacer" la meta diaria de buscar la piedad?

De la Palabra de Dios a tu corazón

Podría seguir exaltando este pasaje bíblico y expresando qué significa para mí como mujer. Es lo que yo denomino uno de los "pasajes color rosa" de la Biblia; una de las secciones de la Palabra de Dios que describe para la mujer conforme al corazón de Dios qué significa exactamente ser una mujer de excelencia. El versículo 10 nos muestra específicamente las prioridades de Dios, las normas y el diseño de Dios para nuestra vida diaria: "Si ha criado hijos; si ha practicado la hospitalidad; si ha lavado los pies de los santos; si ha socorrido a los afligidos; si ha practicado toda buena obra". Dios nos llama a una vida de servicio.

Piensa en lo que estás haciendo actualmente. ¿En qué áreas te destacas? ¿En qué áreas podrías necesitar perfeccionarte? Ora por ambas áreas, y consagra tu vida a Dios y a servirle en su nombre. Hay bondad y piedad en una vida de servicio a otros.

Señor, quiero que mi vida valga la pena. Que mi misión y mi visión sean servirte a ti y a otros, y practicar toda buena obra con pasión y sinceridad. Amén.

Obtén la victoria

Humillaos, pues, bajo la poderosa mano de Dios, para que
él os exalte cuando fuere tiempo; echando toda vuestra
ansiedad sobre él, porque él tiene cuidado de vosotros.

1 PEDRO 5:6-7

¿Tienes una vida victoriosa? ¡Puedes tenerla por medio de
Cristo! La victoria es tuya cuando conoces a tu Señor, a tu
enemigo y a tus hermanos en la fe.

¿Qué clase de Señor tienes? Dios es poderoso y bondadoso. Es
fidedigno. Puedes contar con Él en todo. No hay ninguna razón
para acobardarte o desesperarte. ¡Dios está contigo!

¿Qué clase de enemigo tienes? El diablo es peligroso. Siempre
está rondando. ¡Ten cuidado! Nunca bajes la guardia.

¿Qué hay de tus hermanos en Cristo? Algunos están sufriendo.
Ora por ellos. Y recuerda que ellos están orando por ti.

¡Qué gran consuelo y aliento recibimos cuando comprende-
mos esto! Cuando nos enfrentamos a nuestros enemigos y sopor-
tamos maltratos y malentendidos, podemos *mirar* a Dios, *estar
alerta* contra el diablo, y *velar* por nuestros hermanos y hermanas.

Cuando piensas en tu vida, ¿de qué manera la promesa de
Dios de exaltarte te da alivio en tus dificultades? ¿Te da consuelo
saber que Dios cuida de ti? ¿Te aferras a esta verdad cuando llegan
las adversidades?

Nunca estarás sola en tu sufrimiento. Dios es tu constante compañero. Y nunca serás la única que sufra. Pedro dijo que nuestros hermanos en Cristo en todo el mundo experimentan los mismos sufrimientos que tú y yo afrontamos (1 P. 5:9). ¿Has pensado en expandir tu vida de oración e incluir a otros santos que sufren?

De la Palabra de Dios a tu corazón

Ya te conté anteriormente sobre el servicio de mi esposo en la reserva del ejército de los Estados Unidos. El ejército no puede operar sin la cooperación, obediencia y rápida respuesta de sus soldados. Y con las sabias palabras de Pedro, también entendemos que ningún ejército gana nunca una batalla sin conocer a su enemigo.

Nos guste o no, siempre han comparado a los cristianos con soldados, y la batalla que libramos contra el pecado y el diablo se ha equiparado con la guerra. Para contender adecuadamente en la guerra que Dios quiere que libremos, necesitamos la ayuda de Dios. Necesitamos motivación, entrenamiento, disciplina y resistencia. Para obtener la victoria, también es indispensable estar unidos y ser agresivos. La unidad se logra al someternos unos a otros, y la agresividad se expresa al resistir al diablo y a las fuerzas de maldad.

Dios, me humillo ante ti y me maravillo por tu inmenso cuidado de mi vida. ¡Qué alivio es saber que puedo echar toda mi ansiedad sobre ti y que tú cuidas de mí en cada prueba! Ayúdame a velar y estar alerta contra el enemigo. Muéstrame qué pasos dar hacia la unidad con mis hermanos y hermanas en Cristo. Dame el corazón y la fortaleza de una guerrera. Amén.

Decide dar fruto cualquiera que sea tu situación

Quiero que sepáis, hermanos, que las cosas que me han
sucedido, han redundado más bien para el progreso del
evangelio, de tal manera que mis prisiones se han hecho
patentes en Cristo en todo el pretorio, y a todos los demás.

FILIPENSES 1:12-13

¿Sueles quejarte de tus circunstancias a veces? ¿Desearías
vivir en otro estado o en otro vecindario, o tener otro trabajo?
¿Te has lamentado por decisiones que has tomado o por las
pruebas que derivaron en tu situación actual? Todas hemos
hecho esto una que otra vez. Pero podemos seguir el ejemplo
de Pablo y decidir que daremos fruto sea cual sea nuestra situación. Él lo hizo, aun cuando estuvo en la prisión.

Pablo supo ver bendiciones en su situación. Desde la prisión,
él podía servir a Dios como testimonio a los guardias romanos
que lo observaban día a día. Allí escribía cartas y se comunicaba
a través de sus amigos para poder ser de inspiración y enseñanza a
las iglesias. Era un ejemplo de denuedo y fidelidad a aquellos que
tenían temor a la persecución debido a su fe en Cristo.

Amiga mía, ¿estás encadenada a algo? O para decirlo de otra
manera, ¿cuáles son tus circunstancias actuales divinamente
orquestadas? ¿Eres esposa, madre, mujer soltera, viuda, ama de
casa, empleada? Piensa de qué manera tu situación puede redundar en una bendición, y de qué manera pueden tus circunstancias
ayudarte a servir a Cristo y extender su reino.

¿Cuál es tu situación hoy? Quiero dejarte algunas palabras más, palabras poderosas, de Pablo. En Romanos 8:28-29 escribió estas líneas edificantes: "Y sabemos que a los que aman a Dios, todas las cosas les ayudan a bien, esto es, a los que conforme a su propósito son llamados. Porque a los que antes conoció, también los predestinó para que fuesen hechos conformes a la imagen de su Hijo". Conocer a Dios y confiar en su promesa de que todas las cosas ayudan a bien nos convierte en mujeres de esperanza. Nuestro Dios está en control de todas las cosas; aun de aquellas que parecen ser negativas.

Cuando decidamos dar fruto en la situación que Dios sabiamente ha orquestado en nuestra vida, un día podremos declarar como Pablo: "Quiero que sepáis, hermanos, que las cosas que me han sucedido, han redundado más bien para el progreso del evangelio".

Dios, ayúdame a aceptar mis circunstancias actuales y ver las bendiciones y oportunidades que tengo en medio de ellas. Confío en que tienes el control de mi vida. Y acepto lo que estás haciendo en mi vida para poder dar a conocer a otros las maravillas de tu propósito divino. Amén.

Responde al Salvador

Pero el ángel les dijo: No temáis; porque he aquí os doy
nuevas de gran gozo, que será para todo el pueblo: que os
ha nacido hoy, en la ciudad de David, un Salvador, que es
CRISTO el Señor. Esto os servirá de señal: Hallaréis al
niño envuelto en pañales, acostado en un pesebre.

LUCAS 2:10-12

¿Has escuchado al grupo de niños de una escuela recitar
"la historia de la Navidad" del libro de Lucas? ¡No hay nada
igual! Muchos adultos pueden recitar la historia junto a ellos.
Así de conocida es la historia del nacimiento de Jesucristo para
muchos.

Cuando leemos la Biblia, descubrimos rápidamente que Dios
es un Dios que nos "busca". Él buscó personas como Adán, Noé,
Abraham, María y un sinnúmero de otras personas para cumplir
sus planes y bendecir a su pueblo. Somos inspiradas en nuestra
fe cuando estudiamos cómo respondieron otros a Jesús. Cuando
leemos sobre los pastores que estaban en el campo, vemos que primero tuvieron miedo, pero después su temor fue transformado.
¿Qué experimentaron?

> *Creyeron*: Los pastores dijeron: "Pasemos, pues, hasta
> Belén, y veamos esto que ha sucedido, y que el Señor
> nos ha manifestado" (Lc. 2:15). No dijeron: "Veamos *si*
> ha sucedido esto". Creyeron en su corazón.

🖝 *Se motivaron*: Después de escuchar las buenas nuevas, los pastores fueron inmediatamente a Belén. Y una vez que estuvieron allí, dieron a conocer a todos lo que habían oído (v. 17). La creencia genera acción.

🖝 *Alabaron*: Cuando los pastores regresaron, alabaron y glorificaron a Dios por todo lo que habían visto y oído (v. 20).

Con un corazón fiel, estos pastores respondieron a las buenas nuevas del Salvador nacido en Belén, actuaron en consecuencia, dieron a conocer a otros lo que habían oído y alabaron a Dios.

De la Palabra de Dios a tu corazón

Creo que el corazón de una mujer cristiana debería ser para Dios como una tetera sobre el fuego de una cocina; caliente al tacto, hirviente de manera visible y audible. El calor de su amor la lleva a actuar. Su pasión por Cristo, quien es el objeto de su afecto y entusiasmo, encuentra una voz. Todos alcanzan a oír las grandes cosas que el Poderoso ha hecho por ella (Lc. 1:49).

¿Cuál es tu respuesta al Salvador? ¿Cuán audible es tu pasión por Jesús? ¿Y cuán intenso es el calor de tu amor por Él? La presencia del Salvador debería inspirar una reacción ferviente en tu alma. ¿Se nota tu pasión por el Hijo del Hombre? ¿Estás glorificando y alabando a Dios por todo lo que has conocido y oído? ¿Han oído otros hablar de tu pasión por Cristo?

> *Dios, tú examinas mi corazón. Te pido que la verdad de Cristo transforme lo que creo en acción y alabanza. Y que siempre pueda dar testimonio de las buenas nuevas de tu salvación a otros. Amén.*

Conoce el plan de Dios

Asimismo que las mujeres se atavíen de ropa decorosa,
con pudor y modestia; no con peinado ostentoso, ni
oro, ni perlas, ni vestidos costosos, sino con buenas
obras, como corresponde a mujeres que profesan piedad.
La mujer aprenda en silencio, con toda sujeción. Porque
no permito a la mujer enseñar, ni ejercer dominio
sobre el hombre, sino estar en silencio. Porque Adán
fue formado primero, después Eva.

1 TIMOTEO 2:9-13

Cuando miramos por la ventana de la Palabra de Dios, aprendemos fehacientemente qué significa ser una mujer que busca la piedad. El mundo trata de llamarnos la atención en muchas direcciones, pero ¿no estás contenta de que Dios nos muestre su plan en su Palabra? Pablo, en su carta a Timoteo, llega al fondo de este asunto. Cuando entendemos los propósitos y los planes que Dios tiene para las mujeres, podemos descansar y dar fruto en nuestros roles.

Con respecto a nuestra apariencia: ¿Eliges con cuidado tu ropa? ¿Le explicaste cuáles son las normas de una vestimenta piadosa a tu hija o a las mujeres jóvenes que discipulas? La descripción de Pablo sobre la piedad nos muestra que debemos ser decorosas, púdicas, modestas y piadosas.

Con respecto a nuestra conducta: Las mujeres deben ataviarse de manera adecuada para una mujer que profesa la piedad: "con buenas obras" (1 Ti. 2:9-10).

Con respecto a nuestros roles: Las enseñanzas de Pablo concernientes al rol de la mujer en la iglesia no están basadas en la cultura de su época o en la cultura judía. En cambio, lo que Pablo señala es el orden de la creación de Génesis (2:21-23). Amiga, el mandato de Pablo no tiene nada que ver con la posición *espiritual* de la mujer. Los hombres y las mujeres son iguales delante del Señor. Es para las relaciones *terrenales* que Pablo presenta este orden.

¿Estás agradeciendo a Dios la oportunidad de someterte a su designio para la piedad y de cumplir los diferentes roles que Él te está pidiendo que desempeñes?

De la Palabra de Dios a tu corazón

Gracias a Dios, el libro de Timoteo hace mucho énfasis en buscar la piedad, esmerarnos activamente por tener una actitud reverente en el corazón que se manifieste en nuestras acciones. Y estoy segura de que estarás de acuerdo, como mujer de Dios, en que no podemos decir que honramos y adoramos a Dios y, al mismo tiempo, ignoramos su plan para nuestra conducta y nuestros roles.

De corazón a corazón, esto es lo que yo (igual que Pablo y la Palabra de Dios) quiero para ti y para mí, querida hermana. En vez de pelear y discutir por el asunto de la enseñanza, el silencio o la sujeción en la iglesia, necesitamos poner nuestro corazón, nuestra mente y nuestro esfuerzo en mostrar mediante nuestro ministerio de buenas obras, en la iglesia y con nuestra familia en el hogar, la realidad de la salvación de Dios en nuestra vida. Dios nos *bendecirá* al buscar la piedad de esta manera.

Dios, te honraré con mi manera de vestir, comportarme y servir en la iglesia y en mi familia. Te pido que cuando el mundo me confunde en mis roles o me distraigo, me ayudes a volver a enfocarme y guiarme por tu Palabra. Amén.

¿Bendecir o maldecir?

Con ella bendecimos al Dios y Padre, y con ella maldecimos
a los hombres, que están hechos a la semejanza de Dios.

SANTIAGO 3:9

Adivina de qué está hablando Santiago en el pasaje de hoy.
Si sientes una punzada de convicción, probablemente estés
cerca de la respuesta correcta: nuestra lengua. No es fácil ser
fiel con el uso de nuestras palabras. Tendemos a hablar a la
ligera de quienes están hechos a semejanza de Dios. Es fácil
manifestar fuerte enojo u orgullo; pero no es fácil detener
dicha conducta. Santiago dijo: "ningún hombre puede domar
la lengua" (Stg. 3:8). Antes de que termines por desanimarte
demasiado y rendirte, ¡espero que te consuele saber que hay
esperanza en el Espíritu Santo!

En lo que respecta a la lengua, Santiago está espantado. Está
anonadado. ¿Por qué? Porque ve que están usando la lengua de
manera indebida. Esto es lo que opina Santiago del increíble problema con la lengua:

De una misma boca proceden bendición y maldición.
Hermanos míos, esto no debe ser así. ¿Acaso alguna fuente
echa por una misma abertura agua dulce y amarga? Hermanos míos, ¿puede acaso la higuera producir aceitunas, o
la vid higos? Así también ninguna fuente puede dar agua
salada y dulce (Stg. 3:10-12).

Esta es una perspectiva reveladora. ¿Por qué permitimos que salga algo malo de la misma fuente de donde fluye algo bueno? Asegurémonos de que la elección de nuestras palabras, los pensamientos que expresamos y las emociones que hay detrás de nuestras emociones, procedan de un lugar de piedad y obediencia... y después permitamos que todo eso fluya de nuestra boca.

De la Palabra de Dios a tu corazón

¿Bendecir o maldecir? Esa es la pregunta que Santiago suscita con respecto a nuestra manera de hablar. Solo tú puedes decidir cómo responder a eso en tu vida. ¿Sabías que la palabra murmuración se usa en la Biblia para el diablo? Su nombre es *diabolos*, que significa "calumniador". De hecho, la palabra griega *diabolos* se usa treinta y cuatro veces en las Escrituras como título para Satanás y una vez en referencia a Judas, que traicionó a Jesús (Jn. 6:70).

Es espantoso estar en esta compañía. Ninguna mujer que ama a Dios quiere ser parte de ese grupo. Así que determina no ser una murmuradora o una calumniadora (literalmente una "diabla"). Jesús enseñó que el diablo es mentiroso y padre de mentiras (Jn. 8:44). Y estoy segura de que no quieres actuar como el diablo, el acusador de los hermanos y nuestro adversario que "como león rugiente, anda alrededor buscando a quien devorar" (1 P. 5:8).

Bendecir o maldecir. Es tu decisión. ¿Decidirás honrar a Dios y bendecir a aquellos te rodean con el duce fruto de tus labios?

Señor, perdóname por usar mi boca para perjudicar a otros. No puedo domar mi lengua, pero puedo poner mi corazón, mi manera de hablar, mi lengua y mi necesidad de murmurar bajo el control del Espíritu Santo. Oro para que mis palabras sean vida y luz. Quiero bendecir a otros y bendecir tu nombre. Amén.

Piensa en las verdades de Dios

Por lo demás, hermanos, todo lo que es verdadero,
todo lo honesto, todo lo justo, todo lo puro, todo lo
amable, todo lo que es de buen nombre; si hay virtud
alguna, si algo digno de alabanza, en esto pensad.

FILIPENSES 4:8

¿Sabes que tu vida de pensamientos afecta directamente a tu vida espiritual? ¿Conoces la amonestación: "Siembra un pensamiento, cosecha una acción; siembra una acción, cosecha un hábito; siembra un hábito, cosecha un carácter; siembra un carácter, cosecha un destino"? ¿Y cómo se llegó al destino? Como puedes ver, comenzó con un pensamiento.

Y nuestros pensamientos son vitales para encontrar paz. En su carta a los creyentes de Filipos, Pablo impulsa a sus lectores (y a nosotras) a buscar la paz interior, para que haya paz entre ellos en la iglesia. Él sabía que para disfrutar de una continua paz interior y para influenciar a otros, deben estar presentes ciertos ingredientes que conforman el contenido de nuestros pensamientos. Debemos enfocarnos en lo que es…

- ☞ verdadero (incluso la verdad del evangelio)
- ☞ honesto (respetable, honorable y digno de honor)
- ☞ justo (lo que es equitativo, moralmente recto, bueno)
- ☞ puro (moralmente inmaculado)

- amable (agradable, atractivo, encantador, de buena fe)
- de buen nombre (hablar bien de, algo digno de que Dios escuche)
- virtuoso (excelente)
- digno de alabanza (algo que obtenga la aprobación de Dios, algo que merezca elogio)

De la Palabra de Dios a tu corazón

Cumplir con estos ocho aspectos de la vida de pensamientos del cristiano puede parecer abrumador, especialmente si tratas de acatarlos todos de una vez. Para hacer que estos aspectos de importancia sean parte de tu vida diaria, se me ocurrieron tres asuntos en los que tú y yo podemos meditar, ya que cumplen con el criterio de Filipenses 4:8 donde dice "en esto pensad":

Piensa en Dios. Cuando contemplamos la persona de Dios y sus atributos, estamos meditando en las riquezas de su sabiduría, conocimiento, bondad y gracia para nosotras. Gózate por la cantidad de promesas que Dios nos da... y cumple.

Piensa en Jesucristo. ¡Oh, nuestro dulce, dulce Salvador! Recuerda las profecías y el plan de Dios que apuntan a la venida de Jesús a la tierra para nuestra salvación. Reflexiona en los relatos de la vida de Cristo en los Evangelios: su nacimiento, muerte, resurrección, ascensión. Alza tu corazón en alabanza por todo lo que Él estuvo dispuesto a hacer por ti.

Piensa en la Palabra de Dios. Como declaró el salmista, la ley del Señor es perfecta, fiel, recta, pura, limpia, verdadera, justa... y dulce más que la miel que destila del panal (Sal. 19:7-10). Enfócate en la provisión, el cuidado, el amor, la gran misericordia y la gracia de Dios.

Si pasamos tiempo pensando en estos tres "asuntos" sublimes —Dios, su Hijo y su Palabra— ¿por qué querríamos pensar en otra cosa?

En este día, te adoro, Señor. Al buscar una vida llena de paz, pensaré en todo aquello que es tu verdad, que es bueno y santo. Que los frutos de mis pensamientos y de mi vida sean dignos de alabanza para ti. Amén.

Nuestra esperanza final

En lo cual vosotros os alegráis, aunque ahora por un
poco de tiempo, si es necesario, tengáis que ser afligidos
en diversas pruebas, para que sometida a prueba vuestra
fe, mucho más preciosa que el oro, el cual aunque
perecedero se prueba con fuego, sea hallada en alabanza,
gloria y honra cuando sea manifestado Jesucristo.

1 Pedro 1:6-7

¿Cómo responderías a un artículo o escrito titulado "Tres razones para soportar cualquier circunstancia de la vida"? ¡A mí me parece que sería un éxito! Esta es la clase de información que necesito. Bueno, querida amiga, Pedro tiene un mensaje poderoso —¡y alentador! — para nosotras que sufrimos por hacer lo bueno. Él nos da tres razones para soportar cualquier circunstancia de la vida.

Razón 1: Podemos soportar cualquier cosa porque tenemos una esperanza: nuestra gloriosa herencia de vida con Dios.

Razón 2: Podemos soportar cualquier cosa si recordamos que toda aflicción es una prueba... y que con cada prueba nuestra fe es más fuerte y más resistente.

Razón 3: Podemos soportar cualquier cosa porque al final de nuestra vida, cuando estemos con Jesús, Él nos dará nuestra recompensa: su alabanza, gloria y honor.

Cristo nos ofrece su maravillosa gracia y paz en cualquier circunstancia. ¿Has experimentado esto en tu vida? Regocíjate en la bondad de la provisión del Señor. Si has sido libre de un pasado de mucho dolor, pero estás pasando por pruebas en el presente, mantén tu gozo en la bondad del Señor. En sus fuerzas y su verdad puedes mantenerte fuerte y perseverar.

De la Palabra de Dios a tu corazón

Desearía que no fuera verdad, pero el sufrimiento es una realidad de la vida. Es como Jesús declaró: "Estas cosas os he hablado para que en mí tengáis paz. En el mundo tendréis aflicción" (Jn. 16:33). ¿Pero no te alegra saber que Jesús siguió diciendo: "pero confiad, yo he vencido al mundo"? Pedro estaba presente cuando nuestro Señor pronunció esta preciosa declaración, y las palabras de Pedro a sus hermanos en la fe reflejan lo que él había aprendido. Sí, hay sufrimiento. Pero puedes tener sumo gozo en tus pruebas cuando 1) tu sufrimiento es por hacer lo bueno, y 2) cuando tienes la esperanza de llegar a estar en la presencia de Jesús.

Amiga, Dios nos ha dado todo lo que necesitamos para llevar una vida piadosa (2 P. 1:3). Y "todo" incluye la gracia para soportar el sufrimiento por hacer lo bueno. De modo que cuando lleguen las pruebas a tu vida, ¡pon tus ojos en el Señor! Y pon tus ojos en la gloria y el gozo que Él promete dar a sus hijos cuando sufren.

Señor, tú sabes lo que me está afligiendo en este momento. Mis circunstancias me angustian, pero estoy aferrada al conocimiento de tu provisión. Persistiré en hacer lo bueno en tu nombre y en alabarte cada día. Y cuando pase esta prueba, te alabaré y glorificaré aún más. Gracias por tu amor por mí. Amén.

Vive piadosamente en un mundo impío

El que no es conmigo, contra mí es; y el que
conmigo no recoge, desparrama.

LUCAS 11:23

Si sueles salir a testificar, estoy segura de que has visto una variedad de reacciones, positivas y negativas, a la verdad de Jesucristo. Cuando las personas argumentan, critican o condenan el mensaje del evangelio, no te rindas. En cambio, anímate porque Jesús experimentó las mismas reacciones a su mensaje —¡y a su misma persona!— cuando predicaba, hacía milagros y procuraba la redención de los pecadores. Por ejemplo, un grupo le acusaba de tener un demonio, mientras que otro grupo esperaba en incredulidad ver más señales milagrosas (Jn. 7:20; 12:37).

Hay una guerra sin cuartel entre el bien y el mal, entre Dios y Satanás. Y, querida, no hay término medio en lo que se refiere a seguir a Cristo. O luchamos por una vida piadosa o cedemos a la impiedad. Entonces, ¿qué podemos hacer? ¡Jesús nos lo dice! Podemos orar... y podemos afirmarnos en nuestras convicciones por Cristo. Jesús nos enseñó a orar, e incluso a presentarle los asuntos más importantes a Él:

- Nuestra relación con Dios
- Nuestra adoración
- Nuestra búsqueda de la voluntad de Dios

- Nuestra dependencia de Dios
- Nuestra confesión de pecados
- Nuestra debilidad y nuestra necesidad de que Dios nos ayude

Jesús dijo que oremos así:

Padre nuestro que estás en los cielos,
santificado sea tu nombre.
Venga tu reino.
Hágase tu voluntad, como en el cielo, así también en
la tierra.
El pan nuestro de cada día, dánoslo hoy.
Y perdónanos nuestros pecados,
porque también nosotros perdonamos a todos los que
nos deben.
Y no nos metas en tentación,
mas líbranos del mal.
(Lc. 11:2-4)

Debemos orar por estos motivos con convicción, ¡porque en lo que se refiere a Jesús, no hay neutralidad! El amor de Cristo por nosotros es apasionado y determinado.

De la Palabra de Dios a tu corazón

Tómate tiempo para memorizar, orar y vivir el "Padre Nuestro". En un mundo impío, Jesús vivía con ardiente pasión. Sus discípulos revivían diariamente su celo cuando le veían ministrar a las personas. ¿De dónde sacaba Jesús su energía y entusiasmo? Hay una respuesta obvia: de su hábito de orar.

¿Anhelas más pasión en tu vida cristiana? ¿Anhelas ser más como Jesús? Entonces ora. A medida que formes el hábito de orar, descubrirás el propósito de Dios para ti. Cuando oras y decides creer, tu vida cobra más sentido, en vez de vivir sin sentido; tienes más satisfacción y menos vacío, más vitalidad y menos decaimiento.

Señor, gracias porque cuando oro, tengo tu poder para resistir fuertemente el conflicto, el mal, la oposición y la tentación. Amén.

La vida llena del Espíritu Santo

No os embriaguéis con vino, en lo cual hay disolución;
antes bien sed llenos del Espíritu, hablando entre vosotros
con salmos, con himnos y cánticos espirituales, cantando y
alabando al Señor en vuestros corazones.

Efesios 5:18-19

Hace poco fui a visitar a mi cuñada viuda, y nos pusimos a recordar algunas de las ocurrencias y los dichos de mi hermano. Él siempre tenía una consigna o frase pegadiza para cada ocasión. Una de ellas la usé precisamente hoy mientras pensaba dónde podía comprar un artículo en particular. Y me dejé guiar por uno de sus dichos: "Si algo quieres conseguir, al lugar que conoces debes ir".

En nuestra búsqueda cristiana, no estamos buscando un lugar para ir de compras, sino una manera de vivir en Cristo. Como hijas que caminamos en la luz, deseamos estar en la presencia y bajo la influencia del Señor Jesús, tener la mente de Él y proceder igual que Él. Cuando estamos bajo la influencia del Espíritu de Dios, asumimos actitudes nuevas y piadosas.

Una actitud de gozo y felicidad: En la iglesia primitiva, los cristianos se alentaban con palabras de los salmos del Antiguo Testamento a los cuales les ponían música. También cantaban himnos y cánticos espirituales de alabanza y testimonio personal. Sigamos su ejemplo y manifestemos nuestro gozo en alabanza.

Una actitud de agradecimiento: Demos gracias por la salvación. Debemos ser fieles en recordar y dar a conocer la historia de cómo era nuestra vida antes y después de conocer a Cristo para inspirar a otros. Muchos creyentes dan gracias gozosamente a Dios por las cosas buenas que suceden en sus vidas, pero Pablo dice que debemos "[dar] siempre gracias por todo" (Ef. 5:20). Por tanto, tengamos un espíritu de agradecimiento en la adversidad, el sufrimiento y la contrariedad.

Una actitud de sujeción: Jesucristo fue un siervo humilde y sumiso al Padre. Nosotras necesitamos seguir sus pisadas en cada relación.

De la Palabra de Dios a tu corazón

¿Qué cristiano no quiere agradar a Dios? Como dijo Jesús: "Si me amáis, guardad mis mandamientos" (Jn. 14:15). ¿Cómo puedes mostrar tu amor por Cristo? Pablo te da la respuesta en el pasaje bíblico de hoy: "sed llenos del Espíritu". Cuando decides caminar en obediencia a la Palabra de Dios, su Espíritu te da poder para…

- Alabar con un corazón gozoso
- Dar gracias con un corazón agradecido
- Respetar a otros con un corazón sumiso

¿No te asombra continuamente que el Dios del universo mora en ti y te guía en cada acción cuando te sometes a su voluntad? ¡A mí sí! Ve al lugar que ya conoces, a la presencia de Dios, y recibe el gozo de tu salvación.

Señor, me maravillo por tu fidelidad y omnipotencia. Hoy mi corazón rebosa de gozo, porque conozco tus mandamientos y tu amor. Me gozo en seguirte con todo mi corazón. Amén.

Cuida de tus semejantes

No reprendas al anciano, sino exhórtale como a padre; a
los más jóvenes, como a hermanos; a las ancianas, como a
madres; a las jovencitas, como a hermanas, con toda pureza.

1 TIMOTEO 5:1-2

Un domingo, cuando leía el boletín de mi iglesia, observé
el siguiente anuncio: "Se estará ofreciendo una clase de 'Intro-
ducción a la consejería bíblica'. Es una clase exhaustiva de dis-
cipulado, que te ayudará a edificar tu propia vida cristiana
para que, a su vez, puedas ayudar a otros. Si estás interesado
en asistir, inscríbete con el pastor". ¿Qué pensé? ¡Quién no
querría asistir a esta clase!

En 1 Timoteo, Pablo nos ofrece una instrucción similar, y su
lección en el pasaje de hoy tiene que ver con dos maneras de diri-
girnos a otros miembros del cuerpo de Cristo, que no saben que
están haciendo algo malo o que deliberadamente están pecando.

- *Reprender* significa literalmente pegar o golpear. Metafó-
  ricamente significa aporrear con palabras o reprimendas.
- *Exhortar* significa ponerse a la misma altura de alguien
  para ayudarle y fortalecerle.

¿Cómo quisieras que alguien te trate a la hora de hablar de
un pecado o conflicto en tu vida? Pienso que todas quisiéramos
que nos traten con compasión y con el propósito de ayudar.

Ten esto presente cuando pongas en práctica las sabias palabras de Pablo y trates con aquellos que necesitan orientación en el cuerpo de Cristo.

Como una mujer que busca la piedad, procura que tus acciones sean respetables y tus intenciones busquen edificar el cuerpo de Cristo.

De la Palabra de Dios a tu corazón

Y ahora para ti y para mí, mi amiga. Nuestra actitud hacia los otros miembros de la iglesia debe ser como la de un familiar amoroso que cuida de otro familiar... aunque haya pecado o fallado. Sí, debemos aborrecer su pecado, pero debemos amarlos a ellos.

¿Acaso no estás de acuerdo en que una actitud de amor en el corazón es esencial para cuidar de otros? Jesús, el mejor Consejero, dijo: "Porque de la abundancia del corazón habla la boca" (Mt. 12:34). Es verdad que hablamos y actuamos con base en lo que hay en nuestro corazón. Entonces, ¿qué tal una revisión de tu corazón? ¿Cómo está tu corazón en lo que respecta a cuidar de otros?

Cómo está tu corazón en...

- el amor de unos por otros (Jn. 13:34-35)
- la oración de unos por otros (Ef. 6:18)
- el respeto de unos por otros (Fil. 2:3-4)
- el aliento de unos a otros (1 Ts. 5:11)
- la edificación de unos a otros (Ro. 14:19)

¿Cómo tratas a los demás? ¿Tienes tendencia a golpear duramente o apalear con palabras? Si eres madre, ¿cómo tratas a los "más pequeños" en tu hogar? Te animo a edificar tu propia vida en el Señor para que puedas ayudar a otros con tierna compasión. Si te interesa, puedes inscribirte con el maestro Pablo cada vez que necesites un curso de repaso sobre el cuidado de tus semejantes.

Señor, ayúdame a tener una actitud de amor en el corazón cuando debo exhortar a los que están pecando. Dame tu sabiduría y palabras de aliento para hablar con ellos y ayudarles. Amén.

Muestra tu fe en acción

Pero alguno dirá: Tú tienes fe, y yo tengo obras. Muéstrame
tu fe sin tus obras, y yo te mostraré mi fe por mis obras.

SANTIAGO 2:18

Una vez escuché a un pastor que contaba la historia de un
depósito que debía hacer en una de las sucursales regionales de
su banco. Su esposa le había dicho que la sucursal del banco
estaba ubicada exactamente en el parque de estacionamiento
del centro comercial de la localidad. Cuando él llegó a ese
lugar, vio que el banco no era el de ellos; sino otro. Cuando
regresó a la casa, tuvieron una gran discusión; cada uno insistía
en que tenía razón. De modo que se subieron al auto y fueron
al centro comercial para resolver su discusión… ¡solo para descubrir que ambos tenían razón! ¡El edificio ubicado en el parque de estacionamiento albergaba dos bancos! La esposa nunca
había notado la entrada del otro banco en la parte adyacente
del edificio, por donde había entrado su esposo, y el esposo no
había visto que del otro lado estaba el banco de ellos.

¡Qué buena manera de resolver un desacuerdo!, ¿verdad?
¿Descubrir que ambos tienen razón? Eso es lo que sucede cuando
vemos el rol que desempeñan las "obras" en la evidencia de una
fe genuina (la cual se alcanza en Cristo sin depender de ninguna
obra). El apóstol Pablo enfatiza la justificación por fe sin obras,
mientras que Santiago enfatiza el hecho de que la verdadera fe

que salva se alcanza mediante obras. Muchos han visto esto como una contradicción. Pero así como tanto el hombre como la esposa tenían razón con respecto al banco, tanto Pablo como Santiago tienen razón en su valoración de la fe y las obras. Ellos no están en desacuerdo, sino que simplemente están viendo la fe y las obras desde dos perspectivas diferentes que demuestran dos ideas diferentes.

De la Palabra de Dios a tu corazón

¿Cómo podemos ser mujeres de fe y mostrar nuestra fe en acción? Podemos buscar las respuestas directamente en la fuente de todo conocimiento y sabiduría: la Palabra de Dios.

¿De dónde viene la fe? La respuesta es de la *gracia*; específicamente de la gracia de Dios. En Efesios 2:8-10 aprendemos que por gracia somos salvos. Y esa gracia es un don de Dios. La fe es una obra de Dios en nuestro corazón.

¿Cómo se alimenta y se fortalece la fe? De dos maneras:

- *Al leer la Palabra.* Cuando leemos la Biblia, vemos de cerca las adversidades, las pruebas y las tentaciones que afrontaron otros, cómo afrontaron ellos cada situación, qué hicieron y si salieron airosos.
- *Al escuchar la Palabra.* Dios ha dado a su Iglesia otra clase de don —maestros dotados— que nos ayuda a crecer en la fe. Escuchar enseñanzas y explicaciones de la Biblia nos inyecta fe y motivación de aprender más.

Resuelve dar a conocer la Palabra y respaldar sus enseñanzas con tus obras (acciones). Y cuando le hables del evangelio a alguien, piensa también en algo que puedas hacer por esa persona. De esa manera le envías un doble mensaje sobre la fe en Jesucristo.

Señor, quiero que mi vida sea un claro ejemplo de tu gracia. Ayúdame a alcanzar a otros y a ser un fiel exponente de tu justicia. Guíame en tu sabiduría para que pueda ser una mujer de fe en acción. Amén.

Muestra un corazón de amor

Hermanos, si alguno de entre vosotros se ha extraviado
de la verdad, y alguno le hace volver, sepa que el que
haga volver al pecador del error de su camino, salvará
de muerte un alma, y cubrirá multitud de pecados.

SANTIAGO 5:19-20

Aunque queramos pensar que todos los creyentes tienen
una vida espiritual sólida y un buen entendimiento de las verdades de Dios, eso no es una realidad. Santiago sabe, igual que
Dios, que entre los hermanos hay algunos que se extravían de
la verdad. En cada congregación están aquellos que profesan
la salvación, pero no la viven. Como señala Santiago, hay parcialidad, se emiten juicios, se dicen palabras licenciosas unos
a otros, hay discordias y altercados. Vemos esto en nuestras
iglesias y en los círculos cristianos.

Pero Santiago también nos da consejos edificantes. Nos hace
dejar la condenación para realizar "obras" de amor más bonda-
dosas. Nos llama a orar unos por otros, a velar unos por otros y
amarnos de tal manera que vayamos a buscar (en vez de juzgar y
murmurar) a aquellos que se extravían. Demostrar esta clase de
amor ayuda al pecador a volver de su camino equivocado y salvar
su alma de la muerte. Santiago dice que debemos ir a buscar a
aquellos que se extravían de la verdad, para mostrarles el camino
de regreso a Cristo. Y cuando hacemos esto, la bendición es triple:

☞ Ayudamos al pecador a volver de su camino equivocado.

☞ Ayudamos a Dios a salvar un alma de la muerte.

☞ Ayudamos a cubrir multitud de pecados.

Entonces, ¿qué es mejor? ¿Obras de amor... u obras de aversión? ¿Palabras de bendición... o palabras de maldición? ¿Buscar al pecador... o emitir juicio?

De la Palabra de Dios a tu corazón

Una cosa es velar por otros, pero una mujer de fe también debe velar por su propia vida. ¿Has escuchado decir: "O avanzas o retrocedes. No hay lugar para estar detenida en la vida cristiana"? ¿Qué puede dañar tu crecimiento espiritual más que ninguna otra cosa? ¡No hacer nada! La pasividad puede hacer y hace estragos en el crecimiento espiritual.

En realidad, otra manera de extraviarse de la verdad es dejar lo mejor para conformarnos con una segunda alternativa. ¿Hay alguna "segunda alternativa" con la que te hayas conformado en el pasado, o quizá en el presente, que está enfriando tu amor por Cristo? ¿Cómo puedes volver a la senda de los rectos? Tu proceso como una mujer que crece en la fe no debería ser pasivo, y no puede ir en dirección opuesta a las verdades de Dios. Tu proceso debe estar enfocado solo en Dios y proceder de tal modo que llegues a ser una mujer conforme al corazón de Dios.

Que las *obras* de tu fe concuerden con tus *palabras* de fe. Que tu manera de andar concuerde con tu manera de hablar.

Señor, te ruego que me des un corazón sensible a quienes se están extraviando de tu verdad. Ayúdame a acercarme a ellos con compasión e integridad. Que mi manera de andar siempre concuerde con mi manera de hablar... y que ambas cosas muestren un corazón de amor. Amén.

Da gracias por tus semejantes

Doy gracias a mi Dios siempre que me acuerdo de
vosotros, siempre en todas mis oraciones rogando
con gozo por todos vosotros… estando persuadido
de esto, que el que comenzó en vosotros la buena
obra, la perfeccionará hasta el día de Jesucristo.

FILIPENSES 1:3-4, 6

Imagínate que estás encadenada… sola… separada de
aquellos que conoces y amas… y que esperas un veredicto
que determinará si vivirás o morirás. Este estado de soledad,
con su potencial de provocar pánico, describe la situación de
Pablo cuando escribió su carta a los creyentes de Filipos. Sin
embargo, Pablo supo estar en completa paz al elevar sus pensamientos al cielo y orar por otros.

Esta misma paz admirable puede ser tuya también en cualquier
dificultad que atravieses. Muchas mujeres se sienten solas; algunas
por días y noches enteras. Muchas otras pasan gran cantidad de
tiempo separadas de amigos y seres queridos. Y un sinnúmero de
otras mujeres espera un veredicto (de un examen de cáncer, de
abogados, de cónyuges, de empleadores) que podría llevar a su vida
por una nueva y a veces peligrosa dirección. ¿No te alegra saber que
la Palabra de Dios nos muestra una maravillosa manera de experimentar la paz perfecta de Dios en medio de nuestros problemas?
Toma nota de tres perspectivas que dieron a Pablo gran gozo y paz
interior. Y recuerda… ¡pueden hacer lo mismo en ti!

🍃 *Una actitud positiva.* ¿Qué piensas generalmente de los demás? ¿Eres positiva y benévola o criticona y negativa?

🍃 *Una promesa a reclamar.* Dios ha comenzado y está terminando una buena obra en ti.

🍃 *Un corazón apasionado.* Pablo dice: "Porque Dios me es testigo de cómo os amo a todos vosotros con el entrañable amor de Jesucristo" (Fil. 1:8). Un corazón apasionado por Dios anhela estar con aquellos que también desean servir a Dios.

De la Palabra de Dios a tu corazón

Y Pablo hizo otra cosa. Acudió a Dios: nuestro maravilloso Dios que es el autor, el perfeccionador y consumador de todo lo que comienza; nuestro Dios omnisciente que ve el producto final como si fuera perfecto y estuviera terminado. Dios veía las vidas de aquellos que rodeaban a Pablo como llegarían a ser, y Pablo procuraba hacer lo mismo. Nosotras también podemos confiar en la misma realidad: que Dios ve las vidas de quienes nos rodean como llegarán a ser. ¡Y lo mismo sucede con nuestra propia vida! Experimentar el poder de la paz en cada situación comienza con acción de gracias. Dar gracias es un mandato de Dios. Su Palabra nos dice que debemos dar gracias *siempre* y por *todas* las cosas, en *todo* (1 Ts. 5:16-18). Dar gracias es una decisión de tu parte. Y una vez que decides hacerlo, se produce un poderoso efecto en tu actitud y tu paz. "Y la paz de Dios, que sobrepasa todo entendimiento" realmente estará disponible para ti (Fil. 4:7). Con esta dádiva en tu vida, siempre tienes algo por lo cual agradecer a Dios.

Señor, gracias por ser el autor y el perfeccionador de mi fe. Ayúdame a recordar que mi gozo y mi paz están cimentados en ti… y no en mis circunstancias. Amén.

Cambia tu comportamiento

Quítense de vosotros toda amargura, enojo, ira, gritería y maledicencia, y toda malicia. Antes sed benignos unos con otros, misericordiosos, perdonándoos unos a otros, como Dios también os perdonó a vosotros en Cristo.

EFESIOS 4:31-32

Hace años, cuando Jim era visitador médico, en ocasiones el gerente le acompañaba en su recorrido por los consultorios médicos. El jefe de Jim había sido uno de los máximos vendedores como visitador médico antes de ser gerente. Era tan entendido en el tema, que a menudo hablaba en términos generales, al suponer que Jim sabía lo que estaba diciendo. Estoy segura de que puedes imaginar algunos de los retos que tuvo que afrontar Jim. Él quería y necesitaba la información completa, pero generalmente recibía información parcial y general.

Ese no es el caso del apóstol Pablo. Él es muy específico cuando nos habla de qué cosas debemos cambiar de nuestra manera de actuar y de nuestra vida nueva como seguidores de Jesucristo.

Vamos a dar un paseo por una galería revestida de obras de arte. En vez de pasar rápidamente como hacen muchos, decidimos recorrerla pausadamente... para analizar y apreciar cada obra. Las obras están enfocadas en cómo somos en Cristo. Esta es la lista de las conductas bellas y positivas que Dios desea de nosotras.

- *Sinceridad*: Decir la verdad con integridad.
- *Emociones*: Desecha el enojo de tu corazón, no dejes que el enojo te infecte.
- *Trabajo*: Cumple con tus obligaciones y pon tu energía en actividades que suplan las necesidades de otros. No malgastes el tiempo.
- *Manera de hablar*: Que tus palabras impartan gracia y misericordia a otros.
- *Comportamiento*: Actúa y habla de manera que enaltezca y deleite al Espíritu Santo.
- *Actitudes y acciones*: Despréndete de la amargura y la mezquindad. Concéntrate en edificar a otros.
- *Relaciones*: Ten compasión por los demás y un corazón perdonador.

A través de Cristo en nosotras, estos bellos atributos son los que Dios ve cuando mira nuestra vida. ¡Dile adiós a las malas actitudes y dale la bienvenida a la nueva persona que Dios quiere que seas!

De la Palabra de Dios a tu corazón

Algunos pasajes bíblicos demandan una respuesta de oración, acción de gracias, humildad e inspiración de nuestro corazón. Otros demandan acción. Estoy segura de que, en lo que respecta al crecimiento espiritual, no funcionas con base en un piloto automático. No posees instantáneamente las actitudes correctas, o tienes los pensamientos correctos, o tomas las decisiones correctas al preciso instante de convertirte en una hija de Dios. No, sino que crecer a semejanza de Cristo es un proceso, una progresión diaria. Para eso es necesario escuchar los impulsos, la convicción y la motivación del Espíritu de Dios. ¡Puedes estar segura de que los resultados serán gloriosos!

Si eres obediente en seguir la guía de Jesús, estarás cambiando internamente todo el tiempo: en tu carácter, valores, actitudes, perspectivas y motivos. Y con la bendición de Dios, los demás notarán esos cambios internos, y verán a Cristo reflejado en tu corazón transformado.

Señor, quiero seguir tu guía y aceptar las claras enseñanzas de tu Palabra. Gracias por tu Palabra y por permitir que me hable directamente a mi corazón. Ayúdame a seguir adelante con integridad, compasión, abnegación y generosidad. Amén.

Cuenta tus bendiciones

Mas vosotros sois linaje escogido, real sacerdocio,
nación santa, pueblo adquirido por Dios, para
que anunciéis las virtudes de aquel que os
llamó de las tinieblas a su luz admirable.

1 PEDRO 2:9

¿Sufres de baja autoestima? Bueno, mi querida hermana en Cristo, no debería existir esta condición en la vida de un cristiano. ¿Por qué? Debido a quiénes somos y qué tenemos en Jesucristo. De hecho, todo el libro de 1 Pedro ofrece una lista impresionante de beneficios y privilegios, así como de seguridades que disfrutamos como creyentes en Cristo. Pedro señala, gentilmente, una ventaja tras otra… tras otra… que nos pertenecen como personas santas. Estas son algunas de nuestras bendiciones en Cristo del pasaje de 1 Pedro 1:2–2:5:

- 🕊 Somos santificadas.
- 🕊 Tenemos la gracia y la paz de Dios.
- 🕊 Hemos nacido de nuevo.
- 🕊 Tenemos una herencia en el cielo.
- 🕊 Somos guardadas por Dios hasta la salvación.
- 🕊 Somos redimidas por la sangre de Cristo.
- 🕊 Somos piedras vivas en la casa de Dios.

¿Qué te parece esta lista de bendiciones? ¡Y Pedro apenas ha comenzado! Dios hizo todo esto para que podamos disfrutar de nuestra redención, dar a conocer a otros las excelencias, las virtudes y las cualidades de Dios y levantar nuestras alabanzas a Él. Hemos sido llamadas a proclamar quién es Dios y qué ha hecho... en nuestra conducta y en nuestras palabras (Mt. 28:11). ¿Estás haciendo todo lo posible para que los demás sepan quién eres tú en Cristo?

De la Palabra de Dios a tu corazón

Entonces ¿qué es todo ese escándalo por la autoestima? Espero que ahora sepas que has sido bendecida sobremanera. En los momentos en que sientes desmayar o caer en desesperación o desánimo, necesitas recordar quién eres en Cristo. No tienes por qué pensar que eres poca cosa o que no eres nadie. ¿Quién eres? ¡Vuelve a leer el pasaje de hoy de 1 Pedro 2:9!

- ☞ Eres linaje escogido.
- ☞ Eres real sacerdocio.
- ☞ Eres nación santa.
- ☞ Eres pueblo adquirido por Dios.

Todo esto lo logró Cristo para nosotras. Aunque algunas personas basen su valor en sus logros, como cristiana tu identidad está basada en quién eres en Cristo. Eso es mucho más importante y significativo que el dinero, el éxito, la educación y la profesión. Dios te ha escogido para ser su posesión exclusiva. Y como una hija de Dios, como alguien que ha sido comprada con la preciosa sangre de Cristo, tienes un valor incalculable. ¡Agradece a Dios en este momento! Y resuelve que no te permitirás sucumbir ante sentimientos y pensamientos de inferioridad.

Señor, perdóname por escuchar mis propios pensamientos en vez de prestar más atención a tus prominentes declaraciones sobre mi valor. Soy valiosa, porque soy tu hija. ¡Gracias! Amén.

Trabaja como quien sirve al Señor

Todos los que aún son esclavos deben reconocer que sus
amos merecen todo respeto; así evitarán que se hable mal
del nombre de Dios y de nuestra enseñanza.

1 TIMOTEO 6:1 (NVI)

Timoteo tuvo la bendición de tener a Pablo cerca y que le
diera consejos para llegar a comprender mejor ciertos asuntos
difíciles. ¿Acaso no tenemos nosotras la bendición de contar
con la misma instrucción? Además tenemos la bendición de
vivir en una nación que ha abolido la esclavitud. Con eso en
mente, lee la instrucción de Pablo a los esclavos con la inten-
ción de ponerla en práctica en tu propia vida, como trabajadora
y como sierva de Dios.

Se estima que en la época de Pablo la mitad de la población
era esclava. El mensaje de salvación atraía a los esclavos, y muchos
de ellos se convertían a Cristo. Algunos de los esclavos usaban su
nueva libertad en Cristo como una excusa para desobedecer a sus
amos. Pablo les explica a los esclavos cómo debían servir como
hijos de Dios en su lugar de trabajo y responder a sus amos. En
las funciones que hoy desempeñamos, nosotras también podemos
aplicar sus enseñanzas. ¿Qué debemos hacer?

Respetar a los demás. Aunque aceptamos nuestra libertad en
Cristo, no debemos dejar de respetar a nuestros líderes, empleadores y a aquellos que están en autoridad.

Mantener una fuerte ética laboral. Hemos sido llamadas a una norma de vida superior. "Y todo lo que hacéis, sea de palabra o de hecho, hacedlo todo en el nombre del Señor Jesús" (Col. 3:17). ¿Las consecuencias de tener una mala ética laboral? "Si alguno no quiere trabajar, tampoco coma" (2 Ts. 3:10).

Practicar la piedad. Ya sea que seamos esclavas o libres, empleadas o empleadoras, debemos actuar rectamente:

> Esclavos, obedezcan a sus amos terrenales con respeto y temor, y con integridad de corazón, como a Cristo. No lo hagan sólo cuando los estén mirando, como los que quieren ganarse el favor humano, sino como esclavos de Cristo, haciendo de todo corazón la voluntad de Dios. Sirvan de buena gana, como quien sirve al Señor y no a los hombres, sabiendo que el Señor recompensará a cada uno por el bien que haya hecho, sea esclavo o sea libre. Y ustedes, amos, correspondan a esta actitud de sus esclavos, dejando de amenazarlos. Recuerden que tanto ellos como ustedes tienen un mismo Amo en el cielo, y que con él no hay favoritismos (Ef. 6:5-9, nvi).

De la Palabra de Dios a tu corazón

El trabajo, ya sea en tu casa o fuera de ella, es importante para Dios. ¿Por qué? Porque tu actitud hacia el trabajo es un reflejo de tu actitud hacia Él. Dios te pide que hagas tu trabajo de corazón como para Él. También debes servir a tus empleadores con entusiasmo y tratar a tus empleados justamente y con respeto. ¡Los demás ven, y notan, fácilmente tu obediencia o desobediencia a los mandatos de Dios en el ámbito laboral!

¿Están viendo los demás una imagen fiel de la realidad de Jesús en tu vida? Si estás realmente buscando una vida de piedad, ellos verán el evangelio en ti. Tú eres un testigo de Cristo (Hch. 1:8). Entonces... ¿qué es el evangelio de acuerdo a tu vida?

Señor, aunque mi trabajo es común y corriente, tú me llamas a una norma de vida superior. Quiero recordar siempre que te estoy sirviendo a ti y estoy siendo un testigo para ti. Amén.

Vive en obediencia

Porque si alguno es oidor de la palabra pero no hacedor de
ella, éste es semejante al hombre que considera en un espejo
su rostro natural. Porque él se considera a sí mismo, y se
va, y luego olvida cómo era. Mas el que mira atentamente
en la perfecta ley, la de la libertad, y persevera en ella, no
siendo oidor olvidadizo, sino hacedor de la obra, éste será
bienaventurado en lo que hace.

SANTIAGO 1:23-25

Todavía recuerdo mis primeros pasos "de bebé" cuando
recién me convertí a Cristo en mi búsqueda por acrecentar mi
fe y crecer espiritualmente. Nuestra iglesia ofrecía una serie de
clases nocturnas, y me inscribí en una de ellas, que se llamaba
"campo de entrenamiento espiritual". Yo quería que me for-
maran, me disciplinaran y me enseñaran los principios fun-
damentales. Necesitaba afirmar mi creencia y hacer algunos
cambios importantes.

Santiago nos ofrece una especie de campo de entrenamiento
espiritual. Su libro está lleno de consejos para nuestro crecimiento, un cambio de comportamiento, nuestro fortalecimiento
y la formación de nuestra fe. Y lo que más me gusta es que lo
dice tal cual es. Cuando el entrenamiento termina, ya sabemos
exactamente qué hacer y qué no hacer. ¿Por qué no aceptas el reto
de Santiago de vivir en obediencia a Cristo? ¿Por qué no aceptas
el reto de ser una hacedora de la Palabra de Dios?